Aurélien Faure

INVESTIR

Ce que j'aurais aimé savoir à 18 ans

Copyright © Aurélien Faure - Décembre 2021

Reproduction interdite

Tous droits de reproduction, d'adaptation et de traduction, intégrale ou partielle réservés pour tous pays. L'auteur ou l'éditeur est seul propriétaire des droits et responsable du contenu de ce livre. Le Code de la propriété intellectuelle interdit les copies ou reproductions destinées à une utilisation collective. Toute représentation ou reproduction intégrale ou partielle faite par quelque procédé que ce soit, sans le consentement de l'auteur ou de ses ayant droit ou ayant cause, est illicite et constitue une contrefaçon, aux termes des articles L.335-2 et suivants du Code de la propriété intellectuelle.

Sommaire

Chapitre 1
Ne cherchez pas à gagner plus, cherchez à devenir plus

Chapitre 2
L'investissement immobilier

Chapitre 3
L'investissement en bourse

Chapitre 4
L'investissement en crypto monnaies

Epilogue

Prologue

Vous n'avez aucune idée de ce que vous valez, vous pensez peut-être que vous êtes une personne tout ce qu'il y a de plus normal, et que la vie est faite ainsi, mais je vais vous dire un secret…

La vie est ce que vous en faites, si vous décidez d'être dans la moyenne, vous y resterez, mais si vous décidez que vous valez mieux que ça, que vous avez envie de prendre votre vie et votre destin en main, alors vous irez de l'avant et vous parviendrez à vous hisser à des sommets que vous n'aviez jamais envisagés.

Le secret réside en vous, dans votre volonté, les grands de ce monde le sont devenu parce qu'ils ont voulu le devenir, et parce qu'ils s'en sont donnés les moyens.

Ce livre est un guide pour démarrer votre nouvelle vie d'investisseur, vous y découvrirez une nouvelle façon d'être et de penser, vous verrez qu'il ne tient qu'à vous de réaliser vos rêves et de devenir la personne que vous voulez être.

Vous y apprendrez également à investir, en immobilier, en bourse, et en crypto monnaie, les attitudes à adopter, les choses à faire et les erreurs à éviter, les ficelles et les subtilités, vous aurez les réponses aux questions que vous vous posez et pourrez alors vous lancer en toute sérénité.

Chapitre 1

Ne cherchez pas à gagner plus, cherchez à devenir plus

Il y a plusieurs façons de gagner sa vie

En France, nous naissons, grandissons et vieillissons dans ce moule qui nous formate à faire des études, devenir salarié, évoluer en interne et si l'on a les compétences adéquates, prétendre à un poste de direction en fin de carrière, qui nous permettra d'accéder à une retraite plus que médiocre et loin de représenter l'étendue des efforts fournis au cours de notre vie.

C'est ce fameux piège qu'il faut à tout prix éviter, les anglo-saxons nous présentent un modèle, totalement en opposition au notre, recentré sur l'effort, le mérite et le don de soi, un modèle dans lequel aucune limite ne nous est fixée tant que l'on a l'envie et la force d'avancer.

Il est intéressant d'observer que nous possédons dans notre population active 91,8% de salariés et 8,2% d'entrepreneurs, tandis qu'ils comptent aux Etats-Unis plus de 18,5% d'entrepreneurs, cela peut vous paraître être une faible différence, mais n'oubliez pas que la population active des Etats-Unis représente plus de 5 fois celle de la France.

Je les prends comme exemple, mais c'est effectivement un peu facile, car en ce qui les concerne, c'est littéralement ancré dans leur culture, on les encourage dès l'enfance à créer quelque chose de leurs propres mains, et ils vivent dans un monde où il est facile de lancer son activité, même s'il est plus difficile de la maintenir. Effectivement, entreprendre un projet c'est comme tout le reste, il faut le faire de manière intelligente, réfléchie, et ne pas se précipiter.

Quoi qu'il en soit, il y a mille manières de gagner sa vie alors pourquoi se cantonner à une seule fonction, un seul emploi, une seule activité ? Pourquoi ne pas sortir du lot et prendre sa vie en main, devenir la personne que l'on souhaite, vivre selon nos règles et surtout à notre rythme ?

C'est pourquoi il faut arriver à sortir du moule. Devenir salarié ? Oui mais de manière temporaire, le réel bonheur viendra le jour où vous obtiendrez votre liberté, la liberté d'avoir le train de vie que vous voulez, la liberté d'avoir du temps à consacrer à vos hobbies et vos passions.

Il faut que vous arriviez à intégrer un concept très simple et qui pourtant changera toute votre vie, arrêtez de travailler pour l'argent, et faites travailler l'argent pour vous !

Dit comme ça, ça peut paraître simple, mais vous vous doutez bien que ça ne sera pas aussi facile que ça en a l'air, il va falloir passer par plusieurs étapes, il va falloir vous remettre en question, et le plus difficile, il va falloir changer, formater votre cerveau, changer votre vision sur la vie, sur le travail et sur l'argent, arrêter de penser comme une personne moyenne et commencer à vous élever, les personnes moyennes restent dans la moyenne, votre objectif à vous sera de vous hisser jusqu'au sommet !

Le but de faire travailler votre argent pour vous, est de pouvoir atteindre la liberté financière, c'est à dire à terme, si vous le souhaitez, arrêter de travailler et vivre de vos rentes, tentant non ?

Recherchez avant tout la stabilité financière

Investir, c'est bien, mais avec quel argent ?

Il paraît évident qu'il faut une mise de départ pour se lancer, par ailleurs vous pouvez commencer à investir avec des petites sommes mais vous vous doutez bien que plus les sommes seront élevées, plus les bénéfices grossiront, quelle est la solution dans ce cas ?

Nous verrons par la suite pourquoi il est important de diversifier vos activités, mais avant de les diversifier, commencez déjà par en avoir une !

Prenons l'exemple de l'investissement dans l'immobilier, vous souhaitez acheter votre première résidence principale, la première étape sera alors d'établir votre budget, et c'est votre banquier, ou votre courtier qui pourra vous dire combien vous pouvez emprunter, mais ne vous voilez pas la face, sans CDI, ou sans une activité qui vous amène des revenus réguliers, personne ne vous prêtera de l'argent.

Occuper un emploi stable, du moins le temps de vous lancer, vous permettra d'une part de pouvoir approcher les banques et de prétendre à un prêt, mais surtout vous permettra d'établir un budget mensuel, et ainsi d'acquérir une certaine stabilité financière.

Si vous parvenez à faire vos calculs, entre vos charges fixes, vos dépenses aléatoires et un delta de sécurité pour les imprévus, vous serez en mesure de savoir combien vous pouvez épargner par mois, et c'est là le début de votre vie d'entrepreneur.

Libre à vous en suite de mettre cet argent de côté pour constituer un apport afin d'acheter un bien immobilier, de l'investir dans des actions en bourse, ou de l'investir dans un projet qui vous tient à cœur, et qui vous rapportera sur le moyen / long terme, plusieurs solutions viables s'offrent à vous, bien plus rentable qu'un livret A à 0,75%, à vous d'établir votre stratégie, et de vous y tenir !

Avoir une activité c'est bien, en avoir plusieurs c'est mieux !

Métro, boulot, dodo, voilà le quotidien de la plupart des français, le même emploi, les mêmes journées qui se répètent mois après mois et années après années, et pourtant nous avons le pouvoir de faire mieux.

Nous avons tous, à notre niveau, des connaissances, des compétences, que nous pouvons mettre à profit, à notre profit, mais aussi à celui des autres moyennant une rémunération, bien entendu ! Le maçon et le mécanicien iront faire des gâches, le passionné de piano ou de guitare ira donner des cours, le coach sportif lancera sa chaine YouTube, et l'artiste créera sa boutique en ligne.

Nous avons la chance de vivre à l'ère du numérique, dans un monde et à un siècle où tout est réalisable, où il existe une multitude de plateformes sur lesquelles nous pouvons nous retrouver, nous faire connaître, répondre à des demandes et à des besoins, et où la formation est accessible, et de manière gratuite le plus souvent ; vous voulez refaire les joints de la douche ? Google est votre ami, vous voulez faire la vidange de votre voiture ? YouTube vous y aidera.

Le 21ème siècle est le siècle où les gens ne sont plus rattachés à une seule fonction, aujourd'hui nous pouvons apprendre et nous former continuellement, en 2021, 60% des français pensent à faire une reconversion professionnelle, mais à défaut de changer de métier, pourquoi ne pas cumuler deux activités ?

Je m'explique, faire deux métiers en même temps, non, ça n'est pas le but, en revanche, faire son métier la journée, voire passer en mi-temps, et avoir une deuxième activité, axée sur nos passions, et qui, en plus, nous rapporte, là je dis oui ! C'est là le fameux modèle anglo-saxon qui définit les entrepreneurs, si vous voulez devenir riche, faites ce qu'il faut pour le devenir, et même si vous ne devenez pas millionnaire au bout du chemin, vous y aurez gagné une façon de penser, une façon d'être qui vous aura rendu meilleur.

Cela peut prendre une multitude de formes, et surtout, cela peut se faire progressivement, y passer une heure le soir en rentrant du travail, puis voyant que ça prend de l'ampleur, y passer un peu plus de temps, et puis commencer à faire de petits bénéfices qui finiront par grossir avec le temps, jusqu'au jour où vous quitterez peut-être votre emploi pour faire cette autre activité à plein temps qui sait !

Préparez-vous à vous faire juger

Partons d'un principe simple : Le français moyen est jaloux.

Et nous retrouvons ici le fameux moule de notre société vieillissante, à l'inverse du modèle anglo-saxon ou l'on respecte les gens qui ont réussi, peu importe leur parcours et peu importe d'où ils sont partis, le français trouvera toujours quelque chose à redire.

Vous allez alors vous entendre dire des choses comme « oui mais tu as fait ça au bon moment » ou encore « oui mais heureusement que … était là pour t'aider », vous compterez sur les doigts de votre main les personnes qui seront en mesure de vous féliciter, tout simplement, sans chercher à vous rabaisser d'une manière ou d'une autre.

Il ne faut pas leur en vouloir, d'une certaine manière, ils se sentiront rabaissé face à votre réussite, car eux auront fait le choix de rester dans la sécurité de leur moule quand vous aurez pris les risques et donné votre temps et votre énergie pour ces projets dans lesquels vous croyiez.

Par ailleurs, il ne faut pas avoir peur de l'échec, le risque zéro n'existe pas et si la réussite est à votre portée, l'échec l'est également, mais ce n'est pas grave, un échec ça n'est pas la fin du monde bien au contraire.

Il existe un proverbe japonais qui dit « le succès c'est tomber sept fois, et se relever huit », comprenez qu'aucun échec ne pourra avoir raison de vous tant que vous aurez la force et la volonté de vous relever et de réessayer.

C'est d'ailleurs en cas d'échec que vous entendrez les commentaires les plus blessants comme « je t'avais prévenu » ou encore « tu vois j'avais raison », vous connaissez la procédure, ces gens-là, c'est direction la sortie !

Vous avez tout à fait le droit de mener une vie différente de celle des autres, après tout, se démarquer n'a jamais fait de mal à personne.

Steve Jobs ne portait jamais de chaussures, ça ne l'empêchait pas d'être un génie pour autant, Mark Zuckerberg a quitté Harvard au bout de sa deuxième année, ça ne l'a pas gêné pour devenir aujourd'hui la 5ème plus grosse fortune du monde, que lui serait-il arrivé, et à quoi ressemblerait notre monde s'il avait décidé d'abandonner Facebook pour se concentrer sur ses études ?

Je ne vous incite pas à quitter l'école loin de là, mais je vous invite à suivre votre voie, faites votre bout de chemin, restez imperturbable, le succès vient lorsque tu es vrai avec toi même et que tu arrêtes de te comparer aux autres.

Gérer ses finances intelligemment

Vous êtes jeune, vous touchez quelques sous à votre anniversaire et pour Noël, vous avez prévu d'occuper un emploi étudiant en parallèle de votre école, ou alors vous avez choisi la voie professionnelle et touchez déjà un salaire, mais alors que faites-vous de votre argent ?

Je me souviens de cette sensation quand j'ai touché mon premier salaire, 442€ pour un mois de dur labeur du haut de mes 15 ans, et qu'est-ce que j'en ai fait ? Je l'ai dépensé, jusqu'au dernier euro, et c'est tout à fait normal.

Quand nous entrons dans la vie active, nous jouissons d'une chose qui nous était alors inconnu, le salaire, c'est nouveau pour nous et nous pouvons enfin acheter l'objet de nos rêves les plus fous sans demander d'argent à qui que ce soit, mais ça ne doit durer qu'un temps.

La maturité sera de garder à l'esprit qu'il faut que jeunesse se fasse, certes, mais que plus jeunesse se fera, et plus votre vie d'adulte mettra du temps à se mettre en place.

Il faut constamment penser à votre avenir, vivre au jour le jour, c'est bien, mais penser à demain c'est mieux, quand vous avez 16 ans vous n'avez pas de grosses dépenses particulières à prévoir, mais vous devez penser que vous devrez payer votre permis et votre voiture à 18 ans.

Quand vous commencez à toucher un salaire, par le biais de l'alternance ou par le biais de vos premiers emplois, et que vous vivez encore chez vos parents, chouette vous allez pouvoir sortir et vous acheter plein de choses ! Et bien non !

Gardez à l'esprit que gagner un salaire et vivre chez ses parents est une mine d'or, sortez, faites-vous plaisir, mais bon sang épargnez !

Ne tombez pas dans le piège de dépenser tout ce que vous gagnez, apprenez d'ores et déjà à gérer votre argent, établissez un budget, mettez de l'argent de côté tous les mois, car le jour où vous vivrez chez vous, avec toutes les charges fixes qui s'y rapportent, soit vous aurez appris à gérer votre budget et vous vous en sortirez très bien, malgré le fait que vous ne puissiez plus épargner autant qu'avant, soit vous tomberez dans un gouffre sans fond et apprendrez le sens du mot « découvert autorisé », et les regrets mettront peu de temps à se faire sentir.

Si vous ne savez pas comment vous y prendre, n'ayez pas peur de demander conseil, bien entendu, demandez conseil aux bonnes personnes, et ces personnes pourront vous orienter et vous éclairer sur les bonnes choses à faire, les bonnes habitudes à prendre.

Par ailleurs, pour de tels conseils, n'allez pas voir votre banquier, pour avoir travaillé en banque, je suis en mesure de vous dire que votre banquier n'est rien de moins qu'un commercial, il vous conseillera le produit d'épargne sur lequel il est commissionné et fera passer bien entendu ses besoins avant les vôtres.

C'est un conseil que je vous donne pour votre vie future, servez-vous de votre banque et de votre conseiller pour les produits bancaires qui vous intéressent, mais soyez renseigné, allez les voir en sachant déjà ce que vous voulez, et ne leur demandez jamais quel placement serait le plus adapté, ou de quelle manière épargner vos économies, car ils n'essayeront pas d'optimiser vos gains mais de placer votre argent sur des produits qui leur rapportent.

Ne commencez pas à vous endetter

Il est tentant quand on se lance dans la vie active de vouloir se faire plaisir, faire un crédit à la consommation pour acheter une jolie voiture, se mettre en ménage avec sa petite amie que l'on fréquente depuis 2 mois et qui dit nous aimer, et louer un appartement que l'on quittera 6 mois plus tard suite à notre rupture.

Partez du principe que le seul emprunt que l'on doit faire quand on est jeune, c'est notre premier prêt immobilier afin de devenir propriétaire de notre résidence principale.

Si vous habitez en ville et que vous n'avez pas nécessairement besoin d'une voiture, n'en achetez pas, c'est ça de plus que vous économiserez en plus de payer une assurance, par ailleurs, s'il vous en faut une, rouler dans une vieille voiture, ça n'est pas grave du moment qu'elle est fiable mais investir directement dans une voiture est une mauvaise idée car l'immobilier permet de capitaliser, tandis que les voitures vous feront toujours perdre de l'argent.

Plus la voiture coûte cher et plus l'entretien est cher, plus elle est puissante et plus elle consomme d'essence, tout cet argent gaspillé alors que vous auriez pu l'épargner pour vous lancer dans la vie, la vraie vie, pas celle du paraître dans laquelle on roule dans une belle voiture mais on vit encore chez ses parents, celle où vous roulerez dans une voiture modeste mais où vous serez propriétaire de votre résidence principale.

Par ailleurs essayez d'éviter au maximum la location quand il s'agit de logement, certes la location peut être une bonne idée si vous ne voulez pas vider votre trésorerie afin de vous en servir pour investir, de plus vous n'aurez pas à payer d'impôts fonciers. Mais il faudra faire correctement vos calculs et vous demander si ces investissements sont assez rentables pour rembourser le loyer que vous jetez par la fenêtre chaque mois.

Dans la majorité des cas, il sera préférable pour vous d'acheter votre résidence principale afin d'éviter d'avoir à payer un loyer alors que vous pourriez donner cette même somme pour rembourser votre prêt immobilier et ainsi capitaliser pour votre avenir car oui, le prêt immobilier, vous le payez, mais quand vous vendrez votre logement, vous récupèrerez cette somme, et d'autant plus si vous arrivez à le vendre plus cher que le prix auquel vous l'avez acheté, vous réaliserez alors une plus-value, seuls les frais d'acte notarié seront perdu.

Souvenez-vous de ça, mieux vaut payer pour soi que de payer un propriétaire.

Optimiser son budget avec des petites habitudes

Vous estimez que vous gagnez bien votre vie avec votre salaire ? Vous vous dites que vous pouvez avoir le train de vie qui vous plait grâce à ce que vous gagnez ?

Certes, mais ça n'est pas pour autant qu'il faut dépenser votre argent à tort et à travers, l'écrivain Antoine Furetière nous dit que les petits ruisseaux font les grandes rivières, et bien figurez-vous que c'est pareil pour votre argent, les petites économies font les grandes richesses !

Je suis fils de pharmacienne, et pendant toute ma vie j'ai vu ma mère très bien gagner sa vie, et pourtant, vivre modestement, pas de grosse voiture ni de vêtements de marque pour elle, pas de caviar à sa table, ni de diamant autour de son cou, mais un sens aigu des valeurs et une main ferme sur son patrimoine.

Ce n'est qu'en devenant adulte, et en faisant face à mes propres dépenses que je compris qu'elle n'était pas radine, loin de là, mais qu'elle savait se satisfaire des petites choses de la vie qui la rendaient heureuse, et qu'elle préférait investir son argent plutôt que de le dépenser.

Et vous-même pouvez aussi le faire, à votre niveau, des choses bêtes de la vie mais qui vous font perdre tellement d'argent, sans parler de voiture de sport ou de vêtements de marque.

D'une part, partez du principe que votre flemme vous coûte de l'argent, vous voulez un McDonald's, mais vous avez la flemme d'aller le chercher ? Faites-vous le livrer, et vous perdrez une dizaine d'euros, d'une part car la commande vous coûtera plus cher, et d'autre part car il vous faudra payer la livraison, mais pourquoi commander McDonald's ? Est-ce parce que vous en avez envie ? Ou parce que vous avez juste la flemme de faire à manger ?
Et voilà comment d'une simple flemme, au lieu de vous faire à manger et d'en avoir, selon ce que vous mangez pour, 2 à 5€, vous allez vous commander à manger et vous le faire livrer, et ce moyennant 15 à 25€.

Maintenant répétez cette opération 3 à 4 fois par semaine, parce qu'en soit, pourquoi avoir la flemme hier et pas aujourd'hui, et faites le calcul de combien cela vous coûtera sur un mois, un an, dix ans, et vous comprendrez d'où vient ce gouffre dans votre budget.

D'autre part, prenez conscience que vous êtes la cible d'une société de consommation, vous aimez flâner dans les centres commerciaux ? C'est normal, ils sont étudiés pour ! Vous serez forcément tenté d'entrer dans une boutique, et d'acheter quelque chose dont vous n'avez pas besoin.

Vous aimez sortir le soir, aller en boite de nuit ? Prenez conscience que le monde de la nuit est un gouffre à argent, payer plusieurs dizaines d'euros pour boire des coups, plusieurs centaines d'euros pour une bouteille d'alcool, est-ce là la vie que vous avez décidé de mener ?

Essayez d'éviter au maximum la tentation, car vous êtes humain, et même si vous pensez être plus malin que tout le monde, à un moment donné vous y succomberez, alors, je ne vous dis pas de rester cloitré chez vous, bien entendu, mais de modérer vos sorties, et de choisir des activités qui ne vont pas percer votre portefeuille.

De manière générale, intégrez une chose, l'alcool et la malbouffe ne sont pas vos amis, et je ne parle même pas des cigarettes, car en plus de dégrader votre santé, elles coûtent très cher !

Alors oui, on a qu'une vie, non, nous ne savons pas de quoi demain sera fait et cela ne vous empêche pas de vous faire plaisir et de profiter, mais restez raisonnable car imaginez que vous viviez 80 ans, 90 ans ou plus, et je vous le souhaite, vous serez content d'avoir vécu de manière humble.

L'argent ne fait pas le bonheur mais il y contribue

Vous avez tous entendu cette phrase qui dit que l'argent ne fait pas le bonheur, mais cette phrase est en réalité déformée par des gens qui l'interprètent mal.

Effectivement les gens riches ne sont pas tous heureux, parfois blasés d'avoir assouvi tous leurs fantasmes, ils ne peuvent plus se permettre de rêver car leurs rêves ont déjà tous été réalisés, par ailleurs ils ont des problèmes liés à leur argent que nous ne comprenons probablement pas à notre niveau.

Cependant nous ne cherchons pas à devenir des multimillionnaires, nous cherchons à mener la vie qu'on veut, à notre rythme et selon nos envies.

Une étude réalisée par l'université de San Diego révèle que le bonheur augmente proportionnellement au salaire jusqu'à un seuil de 75.000$ (environ 65.000€) de salaire annuel, soit environ 5.400€ par mois.

Et je veux bien le croire, car en atteignant un tel niveau de revenu, vous pouvez vous permettre de vivre « confortablement » sans jamais avoir à regarder si vous aurez assez pour finir le mois, vous pouvez faire plaisir à vos proches, et les mettre en sécurité, et si vous avez suivi mes conseils, vous êtes en mesure d'épargner une partie et ainsi constituer des revenus passifs pour assurer votre vie, et par la suite votre retraite.

Votre but à vous, tout comme le mien, sera d'atteindre des revenus suffisants pour ne plus vous soucier de « combien » vous gagnez, mais de savoir pertinemment que vous gagnez « assez », vous atteindrez alors un niveau de sérénité sans égal.

Bien entendu, cela ne se fait pas en un clin d'œil et il vous faudra passer par une période dans laquelle vous devrez donner de votre personne et mettre à profit vos compétences et votre énergie afin de faire germer des projets, qui à terme vous amèneront des revenus passifs, gardez bien à l'esprit que la finalité sera de vivre de vos revenus passifs et non de continuer à travailler encore plusieurs décennies.

Alors commencez par vous fixer un objectif, commencez par vous demander quels revenus vous visez, quelle est votre propre définition de la richesse, dans la vie tout projet commence avec une idée, mais il commence aussi avec un objectif, pour vos revenus comme pour toutes les autres choses qui caractérisent votre vie, fixez-vous toujours des objectifs à atteindre, cela vous permettra de suivre ce fil rouge qui vous fera avancer tout au long de votre vie.

Une fois l'objectif fixé, à vous de déterminer comment l'atteindre, les moyens que vous allez mettre en œuvre, l'aide dont vous aurez besoin, les supports que vous utiliserez, le délai que vous vous fixez pour l'atteindre, plus vous serez carré, plus votre plan sera limpide, et plus il vous sera facile de le mettre en application.

Ne comptez pas sur votre retraite

Votre retraite, parlons-en, vous y avez déjà pensé ? Il est important de la prendre en compte dans votre schéma de vie car elle arrivera plus vite que vous le pensez, et là je parle de la retraite classique que l'on prend passé la soixantaine.

Bien entendu, si vous mettez en application ce que vous aurez appris dans ce livre, cette dernière viendra bien avant, et sous la forme de revenus passifs, au lieu de la retraite classique que peuvent toucher vos parents ou vos grands-parents.

En 2020, le système avait besoin de 0,7% du PIB français pour se financer et selon l'Observatoire des retraites, cela montera à 1,7% en 2050, mais où aller chercher ce 1% supplémentaire quand notre pays est chaque année de plus en plus endetté ?

C'est justement là que ça bloque, une population vieillissante, un pays dont la dette publique est en constante hausse, il n'en faut pas plus pour mettre à mal ce système tout aussi vieillissant.

Nous pouvons remercier pour ce phénomène les enfants issus du baby-boom (nés entre 1950 et 1980) qui deviendront dans les années à venir responsables du papy-boom qui causera probablement l'effondrement du système actuel des retraites.

C'est simple, en 1960 ce système comptait 4 cotisants pour un retraité, en 2050, il n'y aura plus que 1,2 cotisants pour un retraité, vous vous doutez qu'à ce stade, nous, enfant des années 90 et 2000, nous devrons nous passer de notre retraite, c'est pourquoi il faut penser à vos vieux jours et ce dès aujourd'hui, dès votre premier emploi, dès vos premiers salaires car vos investissements d'aujourd'hui créeront votre retraite de demain !

Il est difficile de se projeter sur une trentaine, voire une quarantaine d'année, mais posez-vous cette simple question : Avez-vous envie de travailler jusqu'à vos vieux jours ? Je parie que la réponse est non pour la majorité d'entre vous.

Imaginez maintenant que vous décidiez de rester dans votre zone de confort et d'attendre pour toucher votre retraite comme les autres, et qu'arrivé à soixante ans passé, une fois que vous aurez travaillé toute votre vie, on vous annonce que les caisses sont vides et que personne ne paiera votre retraite, aurez-vous des regrets ?

Nous vivons dans un monde qui change à une vitesse que l'on ne saurait imaginer, ce qui est acquis aujourd'hui ne le sera pas forcement demain, alors réfléchissez dès maintenant, et faites-vous votre propre retraite, partez du principe que la seule personne sur laquelle vous pouvez compter pour assurer votre avenir et celui de vos futurs enfants, c'est vous-même et personne d'autre.

Le problème, dans le fait de se reposer sur le système, c'est que le jour où le système s'effondre, nous chutons avec lui et entrainons nos proches dans notre chute.

Si demain vous perdez votre emploi, allez-vous vous reposer sur les allocations chômage tant que vous le pourrez, ou allez-vous tout faire pour retrouver une activité ? Et bien c'est pareil pour votre retraite, allez-vous attendre bien sagement qu'elle vienne à vous au risque qu'elle ne vienne jamais, ou allez-vous vous la constituer vous-même afin qu'elle repose sur les bases que vous aurez instaurées ?

Reprenez le contrôle de votre vie, soyez maitre de votre destin, ne laissez pas un système, une société, un Etat vous dire combien vous devez gagner, ou à quel âge vous devez vous arrêter de travailler, détachez-vous de cette emprise et faites vos propres choix de vie.

Miser sur les revenus passifs

Partons du principe que vous ne toucherez pas de retraite, ainsi si par n'importe quel miracle vous en touchez une un jour, ça ne sera que du bonus, mais comment est-ce que vous allez faire alors ? Vous n'allez quand même pas continuer à travailler jusqu'à votre décès !

Non, bien entendu, vous allez investir, et ce dès votre plus jeune âge, il y a une multitude d'investissements, à court, moyen et long terme, mais nous allons nous pencher sur le long terme, nous allons donc nous pencher sur les plus fréquents, l'immobilier et la bourse.

Investir en immobilier est un incontournable de l'investissement à long terme, il se divise en deux parties.

D'une part votre résidence principale, que vous allez acheter, et rembourser mois après mois, ainsi vous pourrez capitaliser et finir de la payer, et pouvoir alors profiter pleinement de vos revenus en éliminant cette charge fixe de votre budget mensuel, ou alors la revendre pour en racheter une plus grosse et ainsi continuer de capitaliser et faire grossir votre patrimoine.

D'autre part les investissements locatifs que vous allez faire, je vous passe tout le côté technique et les calculs, mais dans l'idée vous allez acheter un logement, et le louer, ainsi le loyer remboursera le prêt, si bien que c'est votre locataire qui capitalisera pour vous, et arrivé au terme du prêt, vous pourrez jouir des loyers comme d'une rente qui viendra chaque mois s'ajouter à vos revenus, le but étant d'acquérir plusieurs biens et de réitérer cette opération plusieurs fois afin de faire grossir votre patrimoine.

Investir dans la bourse peut faire peur au premier abord, effectivement vous n'êtes pas « trader » et ne comprenez rien aux courbes et indices affichés sur les ordinateurs des courtiers.

Pas de panique, ça n'est pas ce que vous allez faire, il y a plusieurs manières d'investir en bourse dont deux qui vont nous intéresser particulièrement.

En achetant des actions qui ne rapportent pas forcément de dividendes mais qui sont parmi les plus grosses du marché (CAC 40, Dow Jones, S&P 500..), ainsi au fil des années l'action augmentera petit à petit et la valeur de votre portefeuille grossira en même temps, l'avantage d'investir sur de telles entreprise est que même en cas de crise, ou de krach boursier, l'action perdra mais finira par remonter, ainsi vous investissez dans des valeurs sûres.

D'autre part vous pouvez investir dans des actions à dividendes, ce sont le même genre d'actions, mais ces entreprises-là, plutôt que de réinvestir 100% des bénéfices dans la recherche et le développement, et ainsi grossir et voir la valeur de leurs actions augmenter plus vite, vont distribuer une partie de leur bénéfice aux actionnaires à savoir vous.

Ainsi votre portefeuille d'action verra sa valeur augmenter moins vite, certes mais vous toucherez une rente régulière, selon les entreprises, mensuelle, trimestrielle, ou annuelle, et ces intérêts réinvestis sur le long terme, vous permettront de créer des intérêts composés, et ainsi vous mettre à l'abri pour votre retraite.

L'immobilier et la bourse sont de bons exemples, mais l'investissement ne se limite pas qu'à ces deux secteurs, et encore, je ne vous ai développé qu'une infime partie du potentiel et de la diversité qu'offrent ces deux milieux.

Ne mettez pas tous vos œufs dans le même panier

Que se passe-t-il si vous mettez 6 œufs dans un panier et que le panier tombe ? Les 6 œufs seront cassés, vous voyez où je veux en venir ?

Sachez que c'est la même chose pour vos économies !

Vous avez entendu dire qu'une nouvelle crypto monnaie vient de sortir et que son cours va exploser, vous qui voulez tout faire trop vite et faire fortune en 5 minutes, vous pensez bien faire en misant tout dessus, et c'est là que l'effet escompté n'est pas au rendez-vous, cette fameuse crypto monnaie s'effondre et vos économies avec.

J'ai pris là un exemple un peu exagéré, mais c'est la même chose en ce qui concerne l'immobilier, la bourse, et tout le reste, diversifier vos placements vous permettra de réduire au maximum le risque, car si l'un de vos placements traverse une période de crise, vous pourrez toujours compter sur les autres en attendant que celui-ci remonte.

Partez d'un principe simple, quand vous investissez, vous gagnez, ou perdez de l'argent seulement au moment où vous le retirez, si vous avez 10.000€ placé en bourse et que vous faites face à un krach boursier, la valeur de votre portefeuille tombera peut-être à 500€, et c'est sûr que si vous vendez à ce moment-là vous allez perdre de l'argent, en revanche si vous patientez le temps que les cours remontent, cela prendra quelques mois, ou quelques années, mais votre portefeuille reviendra à sa valeur initiale et là vous me direz mais alors à quoi ça sert d'investir si c'est pour se faire de telles frayeurs ?

Et bien un investisseur avisé, lorsqu'il verra son portefeuille tomber aussi bas que le vôtre, en profitera pour acheter les actions au plus bas, et ainsi quand le cours remontera, c'est là qu'il fera le plus de bénéfices.

Et par ailleurs, vous vous estimerez heureux si vous êtes arrivé à traverser une crise et que vos économies arrivent à se reformer d'elles-mêmes au fil des mois qui suivent, car dites-vous que d'autres auront tout perdu, ça n'est pas pour rien que le moral des gens baisse en temps de crise, c'est parce que les gens ont peur de perdre leurs économies et ce risque est bien réel.

Vous qui êtes quelqu'un qui misez tout sur la sécurité, vous avez laissé vos économies sur votre livret A, maintenant imaginez que le pays est touché par une crise et que votre banque fait faillite, où seront vos économies alors ? Et bien parties en fumée avec votre banque, bien entendu je prends un exemple un peu extrême pour vous expliquer, mais le principe est là.

Tandis que si vous avez investi dans les plus grosses entreprises du pays, elles se relèveront toujours d'une crise, et cas extrême si la crise est vraiment virulente, toutes ces entreprises ne pourront pas toutes couler en même temps, on en revient au principe de placer à différents endroits pour limiter les risques.

C'est la même chose dans l'immobilier, si vous achetez un appartement à 150.000€ et que vous faites face à une crise immobilière comme nous avons pu voir en 2008, votre bien ne sera peut-être plus estimé qu'à 100.000€, mais il ne faut pas le vendre, car vous feriez là le bonheur d'un investisseur plus avisé que vous, attendez que le cours remonte de toutes manières les crises sont cycliques, si le marché chute, vous pouvez être sûr que cette chute sera suivie d'une forte croissance.

Cependant, vous ne placez peut-être pas votre argent afin de le regarder fluctuer indéfiniment, vous allez peut-être avoir besoin d'en récupérer une partie à un moment donné, pour financer divers projets, et que se passe-t-il si vous avez besoin de cet argent au moment où tombe une crise ?

Et bien c'est là l'intérêt d'avoir plusieurs cordes à son arc !

Bourse et immobilier ne sont pas forcément liés et ça n'est pas parce que l'un plonge que l'autre suivra, il n'y a qu'à voir la période de mars 2020, c'est la crise, c'est le COVID, l'économie est à l'arrêt, les actions subissent un véritable effondrement, et l'immobilier dans tout ça ? Et bien il ne s'est jamais aussi bien porté, et les prix n'ont cessé d'augmenter.

Je parle d'immobilier et de bourse, car ce sont les deux domaines que je maitrise le mieux, mais sachez qu'il y a une immensité de domaines dans lesquels vous pouvez investir, comme les montres, les œuvres d'art, ou encore diverses collections, pour citer quelques exemples, et chaque domaine est indépendant des autres.

Gare aux impôts !

Vous aimez les impôts ? Personne n'aime les impôts, mais savez-vous quelle est la différence entre les gens qui ne payent pas d'impôts et les gens qui optimisent leurs placements pour en payer moins ?

Et bien les gens qui ne payent pas d'impôts sont les gens qui n'ont pas assez de revenus pour être imposables, tandis que l'autre catégorie représente les gens qui gagnent assez bien leur vie pour en payer, mais qui gèrent leur patrimoine de façon à en payer le moins possible.

Ne vous leurrez pas, si vous investissez correctement, vous paierez des impôts, c'est le principe même de l'impôt sur le revenu, plus vous en gagnez et plus vous en payez et c'est justement dans vos débuts qu'il va falloir faire très attention, et que vous devrez anticiper les impôts que vous allez devoir payer.

J'ai acquis 4 biens immobiliers en l'espace de 2 ans, si bien que le jour où les impôts me sont tombé dessus j'ai vu des étoiles, je me rappelle de moi, annonçant fièrement à ma mère que j'étais sur le point d'acquérir un quatrième appartement, et de sa réponse « Mon Dieu les impôts que tu vas payer ».

A ce moment-là je ne comprenais pas pourquoi elle disait ça, certes j'allais payer des impôts, mais si on en paye c'est qu'on fait des bénéfices non ?

Et bien pas dans le cadre de l'investissement immobilier, pourquoi ? Et bien parce que si vous avez un crédit de 500€ sur un appartement par exemple, et que le loyer vous rapporte 550€, vous vous dites super, j'ai 50€ de battement pour payer ma taxe foncière, et pour le reste je gagne autant que ce que je paye donc je suis à zéro tout va bien, erreur !

Sachez que les mensualités que vous payez à la banque ne sont pas déductibles de vos impôts, seuls les intérêts le sont, ce qui veut dire qu'aux yeux des impôts, vous gagnez ces 550€ chaque mois (un peu moins une fois les intérêts déduits) et vous êtes donc imposé dessus.

C'est donc avec vos propres revenus que vous devrez payer l'impôt de cet appartement, en plus de la taxe foncière, faites donc bien vos calculs car ces loyers que vous toucherez viendront s'ajouter au reste de vos revenus.

Mais alors, si vous avez un appartement seulement, c'est gérable, mais si vous en avez trois, quatre, dix, c'est là que vous verrez vos impôts s'envoler et les différentes tranches défiler, mais quelle est la solution alors ? Est-ce vraiment rentable d'investir dans l'immobilier ?

Bien entendu ! Et je vais vous expliquer comment dans le chapitre qui y est dédié.

Concernant la bourse, c'est la même chose, si vous faites des bénéfices, il faudra payer des impôts dessus une fois que vous les retirerez, et cet impôt porte un nom, la « Flat tax », elle est composée de 12,8% d'impôts sur le revenu, et de 17,2% de prélèvements sociaux, mais là aussi il existe un moyen de la contourner en partie, le PEA, nous aborderons ses subtilités et son fonctionnement dans le chapitre dédié à la bourse.

Si j'ai un bon conseil à vous donner, avant tout investissement, c'est de vous renseigner au maximum sur la fiscalité, prenez des cours, regardez des tutos, utilisez le support que vous voulez mais c'est un sujet auquel vous serez confronté toute votre vie, surtout si vous êtes amené à investir.

Gagner un salaire et payer son impôt sur le revenu, est une chose bien différente que d'avoir des revenus d'un travail, des dividendes boursiers, les revenus locatifs que vous touchez sur votre SCI avec laquelle vous payez l'impôt sur les sociétés, les revenus de vos placements en SCPI, votre défiscalisation de loi Pinel, le déficit foncier dont vous bénéficiez, etc...

Je parie que je vous ai perdu sur toutes ces mentions et tous ces noms, mais si vous devenez investisseur, vous toucherez de près ou de loin à toutes ces ficelles et à toutes ces subtilités, il est donc important pour vous de les comprendre, d'une part, et d'être assez renseigné sur le sujet afin de pouvoir les optimiser, d'autre part.

Bien entendu, vous n'êtes ni comptable, ni gestionnaire de patrimoine, alors n'hésitez pas à vous faire aider, conseiller, orienter quant à toute cette fiscalité, mais gardez à l'esprit que toute l'aide que vous pourrez demander à ce sujet vous sera facturée, alors autant essayer de se renseigner sur le sujet, pas forcément sur tout, mais au moins sur ce qui vous concerne.

Ayez une vision sur le long terme

Qui n'a jamais rêvé de faire fortune du jour au lendemain ? Et pourtant nous avons tous pu voir les limites que cela peut avoir, un gagnant du loto qui dilapide sa fortune et retourne travailler, un footballeur qui perd tout son argent une fois à la retraite car il n'a pas su adapter son train de vie, il faut arriver à voir plus loin que le bout de son nez.

On s'est tous dit au moins une fois « Si j'avais su ce qui se passerait j'aurais tout misé là-dessus », et moi le premier, si j'avais pu mettre toutes mes économies sur le Bitcoin en 2011, ou sur l'action Tesla en 2019 qui a pris plus de 2000% en 2 ans seulement.

Malheureusement je ne vois pas l'avenir, et vous non plus, par ailleurs nous ne sommes pas tradeurs, ce qui veut dire que jouer avec la fluctuation des actions pour en tirer un maximum de bénéfice en un minimum de temps, nous ne savons pas faire, c'est pourquoi nous allons nous focaliser sur des placements qui sont sécurisés, parce que nous voulons certes faire des bénéfices mais tout en gardant une certaine tranquillité d'esprit.

Mais qui dit placement sécurisé dit aussi que c'est plus long à faire fructifier, ce qui est normal, plus c'est volatile et plus vous pourrez gagner vite, comme vous pourrez tout perdre aussi vite, c'est pourquoi nous laisserons la volatilité aux professionnels.

Si vous investissez dans l'immobilier, et que vous faites un prêt sur 15 ans, vous ne commencerez à faire des bénéfices qu'au-delà de ces 15 ans, du moins c'est ce que vous croyez, car pendant ces 15 ans c'est le locataire qui aura remboursé votre prêt, donc passé ce délai, vous pourrez toucher pleinement les loyers, mais vous aurez aussi la possibilité de revendre le logement si vous avez besoin de liquidités.

Si vous placez de l'argent en bourse, sauf si vous placez au beau milieu d'une crise économique et dans ce cas je vous félicite, vos revenus mettront également un certain temps à se mettre en place, le cours d'une action met du temps à grimper, il monte lentement, mais sûrement !

Par ailleurs, les premiers dividendes que vous toucherez seront des sommes dérisoires, des 1,04€ par ci et 0,78€ par-là, mais c'est mois après mois, années après années, en plaçant un peu chaque mois et en réinjectant systématiquement vos dividendes, que vous arriverez à obtenir des résultats de plus en plus conséquents.

Comme pour l'immobilier, au bout de dix ou quinze ans, vous toucherez des dividendes bien plus conséquents qu'à vos débuts, et vos actions auront pris en valeur.

Il faut arriver à intégrer que c'est un travail de longue haleine, en immobilier comme en bourse, comme ailleurs, il faut arriver à acheter régulièrement, sans jamais n'avoir à vendre, c'est comme ça que vous verrez votre portefeuille, et votre patrimoine s'agrandir année après année, et de manière exponentielle.

Vous verrez alors votre vie se diviser en deux partie, la période entre vos 16 ans et vos 35 – 40 ans durant laquelle vous allez travailler pour l'argent, donner le maximum de votre potentiel et de votre énergie afin d'engranger des revenus toujours plus gros, et ainsi de les investir afin de les faire fructifier en vue de la deuxième période.

C'est à priori en fin de trentaine voire début de quarantaine que débute votre deuxième période, période durant laquelle votre argent travaillera pour vous et plus l'inverse, c'est là que vous pourrez vous reposer, passer certes un peu de temps sur vos placements afin de continuer de les faire fructifier, mais où vous pourrez vivre de vos revenus et profiter pleinement de la vie que vous vous êtes donné tant de mal à mettre en place.

C'est une période qui s'étendra jusqu'à la fin de votre vie, elle vous permettra de continuer à avoir une activité si vous le souhaitez, et pour la période que vous souhaitez, mais aussi de vous consacrer à d'autres aspects de la vie.

En fin de compte c'est le même schéma que la vie classique, vous travaillez pendant un temps, puis vous prenez votre retraite, sauf que dans votre schéma le temps et les revenus sont redistribués, vous travaillerez deux fois moins longtemps et profiterez d'une retraite deux fois plus longue, et vos revenus continueront d'augmenter à mesure que les années défileront, sans compter que vous pourrez profiter des plus belles années de votre vie, profiter de vos enfants, vos petits-enfants, voyager avec votre mari, votre femme, car vous aurez le temps et les moyens de le faire.

Ce que l'on ne nous apprend pas à l'école

L'école, c'est bien, on nous y apprend le français, les mathématiques, l'histoire et la géographie, mais pourquoi ne nous y apprend-t-on pas comment gagner sa vie ?

On nous répète jour après jour « assieds-toi, sois attentif ne fais pas de vagues et passe ton diplôme, comme ça tu pourras occuper un emploi stable et vivre heureux dans la classe moyenne », quelle belle manière de nous brider et d'étouffer notre potentiel !

Dans un sens, c'est logique, comment est-ce qu'un fonctionnaire qui n'est jamais sorti du moule pourrait nous apprendre à penser par nous-même et suivre notre propre voie ?

C'est pourquoi il va falloir que vous fassiez votre propre éducation, et que vous arrêtiez d'écouter les conseils de personnes qui ne sont pas qualifiées pour en donner, basez-vous sur la pratique et non la théorie, suivez les conseils des gens qui ont eu des résultats et non des gens qui stagnent.

Moi-même, si je me permets de vous conseiller au travers de ce livre, c'est grâce à l'expérience et les compétences que j'ai pu acquérir, pas en les apprenant dans des livres et des manuels, mais en les vivant !

Sachez que ça n'est pas à l'école qu'on vous apprendra à remplir votre déclaration d'impôts, ni comment optimiser cette même déclaration afin qu'elle soit moins lourde, ça n'est pas là-bas qu'on vous apprendra à déterminer si un logement ou une action en bourse est rentable et vous rapportera de l'argent ou non.

Pour ces choses et bien d'autres, la création d'une société, la défiscalisation, le déficit foncier, les intérêts composés, vous devrez apprendre par vous-mêmes, à vous alors d'être curieux.

Albert Einstein disait « Je n'ai pas de talent particulier. Je suis seulement passionnément curieux. L'important est de ne pas arrêter de poser des questions. La curiosité a sa propre raison d'exister. »

Comprenez que si vous voulez vous élever, si vous voulez devenir meilleur, vous devez être curieux, et ne jamais cesser d'apprendre, je ne vous dis pas de rester à l'école jusqu'à 30 ans, bien au contraire, car l'école nous gave d'informations jusqu'à nous en dégouter des années durant, si bien qu'une fois sorti certains ne veulent plus avoir à apprendre, d'autant que ce que vous apprenez aujourd'hui ne sera peut-être plus vrai demain.

Préférez alors acquérir des connaissances et du savoir de manière plus légère mais régulière, instruisez-vous sur des choses qui vous passionnent, et surtout, ne commencez pas à investir votre argent si vous n'avez pas les connaissances nécessaires pour le faire.

Vous avez accès à d'innombrables supports qui vous permettront de vous instruire, n'oubliez pas que vous vivez à l'ère du numérique, vous êtes un littéraire ? Alors privilégiez les livres, revues, blogs et articles. La lecture ça n'est pas votre truc ? Et bien félicitations d'être arrivé à ce stade du livre, d'une part, et d'autre part vous pouvez privilégier les vidéos, ou les podcasts.

Entourez-vous de gens qui ont les mêmes centres d'intérêts que vous, discutez, mêlez-vous aux gens et n'ayez pas honte d'aborder tel ou tel sujet, ou de poser des questions, sachez qu'il n'existe pas de question bête, n'est bête que la personne qui préfère rester dans l'ignorance plutôt que de poser une question.

Le savoir est la plus grande des richesses

Vous voulez devenir riche ? Alors apprenez ! Vous deviendrez riche de connaissance et de savoir, et, dans un sens, n'est-ce pas ces richesses qui vous hisseront jusqu'au sommet ?

La connaissance est à la base de toute chose, que ça soit en investissement ou ailleurs, si vous faites quelque chose sans savoir comment le faire, alors vous avez les meilleures chances de vous louper.

Iriez-vous faire une course automobile si vous n'aviez pas le permis ? Non car c'est dangereux pour vous et pour les autres, tout comme jouer les investisseurs en herbe sans avoir les connaissances nécessaires peut-être dangereux si vous perdez toutes vos économies.

Quand je vous dis qu'il faut avoir une vision à long terme, j'entends également par là qu'il n'est jamais bon de se précipiter, vous avez quelques économies et vous voulez vous jeter sur le premier bien immobilier venu pour « commencer à investir le plus tôt possible » ? Et bien c'est une mauvaise idée.

Temporisez, prenez le temps, d'analyser le marché, d'analyser la rentabilité, d'analyser si ce projet concorde avec les objectifs que vous vous êtes fixé.

C'est pareil pour la bourse, ne vous dites pas « aujourd'hui je commence à investir en bourse, donc il faut que je dépense l'entièreté de la somme que j'ai prévu à cet effet », étudiez le cours, si l'action est haute il ne sert à rien de l'acheter, attendez qu'elle redescende et le fait d'attendre, une semaine, un mois, deux mois, vous aura fait gagner plus d'argent que si vous aviez investi dès le départ.

Dans la vie, les personnes éclairées sont les personnes curieuses, si vous voulez savoir comment tourne le monde il va falloir le comprendre, et il n'y a aucun mal à se faire aider, pourquoi devrait-on forcément réussir seul sans l'aide de personne ?

Bien au contraire, si vous avez des projets, parlez-en autour de vous, demandez de l'aide, si vous bloquez sur un point, allez à la pêche aux informations, cela développera d'une part vos compétences, et d'autre part votre culture, vous serez à même d'éclairer les autres à votre tour et qu'y a-t-il de plus gratifiant que la satisfaction d'avoir pu aider son prochain ?

Par ailleurs, à force d'accumuler des connaissances sur un ou plusieurs sujets, vous deviendrez une référence, les gens vous demanderont conseil à leur tour et vous serez ravi de les renseigner, ravi de pouvoir leur apporter votre aide, vous deviendrez une personne que l'on sollicite, et dans ce cas, pourquoi ne pas en profiter pour en tirer des bénéfices ?

Car si vos conseils sont précieux, les gens n'hésiteront pas à vous payer pour les recevoir, et ils ne vous jugeront absolument pas, car l'investissement qu'ils auront placé en vous leur permettra de gagner bien plus grâce aux réponses que vous aurez pu leur apporter, c'est ce que l'on appelle une relation gagnant – gagnant.

Entourez-vous de personnes qui vous stimulent

Votre entourage est la clé qui vous mènera à la réussite, laissez de côté les jaloux et les gens qui ont toujours quelque chose à redire, et dirigez-vous vers des gens qui sont ouverts d'esprit, il faut arriver à discerner les poids qui vous tireront vers le bas des muses qui vous inspireront et qui vous hisseront au sommet.

Prenons un exemple simple, vous êtes au restaurant assis à une table de dix personnes, et mis à part vous, pas un seul investisseur, mais uniquement des personnes qui sont restées dans le confort du moule dans lequel ils ont été habitués à vivre, et puis vous annoncez que vous venez d'investir plusieurs milliers d'euros dans la bourse.

C'est avec un air hautain et un regard de jugement qu'ils vous diront que vous êtes bête, la bourse c'est risqué, vous n'êtes pas tradeur mais bon sang dans quel bourbier est-ce que vous êtes encore allé vous fourrer alors que vous auriez pu placer cet investissement bien au chaud dans votre livret A à 0,75%, et c'est là que vous allez réaliser que vous n'êtes pas à votre place parmi eux.

Maintenant imaginez qu'à cette même table il y ait neuf personnes comme vous, et une personne de la précédente table, là vous annoncez votre investissement en bourse et, surprise, on vous félicite ! « C'est bien ! » vous dit-on d'un côté « Je m'y suis mis aussi il y a quelques mois ! » entendez-vous de l'autre.

Puis viennent les discussions qui en découlent, dans quoi est-ce que vous avez investi, combien, avez-vous d'autres actions, dans quoi d'autre avez-vous investi, vous parlez bourse, vous parlez économie, vous parlez argent sans aucun tabou, et la seule personne qui reste silencieuse à cette table, c'est la personne qui était à votre ancienne table, parce que dans ce cas de figure c'est cette personne-là qui ne sera pas à sa place.

Vous l'aurez compris entourez-vous de personnes qui vous stimulent, des personnes qui comprennent ce que vous faites et pourquoi vous le faites, des personnes qui seront curieuses d'apprendre ce que vous avez à leur enseigner et qui seront heureuses de partager leurs connaissances et leurs points de vue en la matière avec vous, car ce sont des discussions éclairées que naissent les idées de génies !

Au-delà de ça, il est important dans la vie de se constituer un réseau, d'avoir des connaissances dans différents milieux, l'immobilier, la banque, l'automobile, les assurances, le bâtiment, la fiscalité, car tous ces gens pourront d'une part partager avec vous leurs connaissances, leurs points de vue et leurs savoirs faire dans leur milieu, mais ils pourront également vous rendre service quand vous aurez besoin d'eux.

Je ne vous dis pas là de les fréquenter par intérêt, loin de là, et d'une manière générale je vous invite à vous éloigner de toute sorte d'hypocrisie car celle-là finira par vous nuire à un moment donné, mais rien ne vous interdit des échanges de bons procédés.

Partez du principe que vous n'avez besoin de personne mais que les autres ont besoin de vous, tenez-vous prêt à les épauler en cas de besoin et n'hésitez pas à leur venir en aide sans rien demander en contrepartie, et vous verrez que ces gens-là, le jour où vous aurez finalement besoin d'eux, répondront présents, et seront heureux de pouvoir vous aider à leur tour.

Habituez-vous à donner, donner de votre temps, donner de votre énergie, tout en vous assurant de donner aux bonnes personnes, et vous verrez que si vous donnez, on vous donnera en retour.

Les personnes riches n'ont pas « de la chance »

Soyons honnêtes, les seules personnes qui sont devenues riches parce qu'elles ont eu de la chance sont les gagnants à la loterie, et les héritiers, cependant cette catégorie représente moins de 5% des gens riches à travers le monde.

Premièrement, ça veut dire quoi « être riche » ?

Certains vous diront qu'être riche c'est avoir plus d'un million d'euros, d'autres vous diront que c'est de pouvoir vivre pleinement sa vie sans avoir à se soucier du porte-monnaie, en réalité, nous avons tous une définition différente de la richesse, pour ma part j'estime qu'une personne riche est une personne qui peut vivre à son rythme, avoir du temps pour se faire plaisir et pratiquer ses hobbies, sans aucune contrainte, et sans se soucier de savoir s'il aura assez d'argent pour finir le mois, une personne riche selon moi, c'est une personne qui fait travailler son argent pour lui, au lieu de travailler pour l'argent.

Mais alors croyez-vous sincèrement que les géants de ce monde sont devenus riches en ayant de la chance ?

Je ne pense pas non, en effet c'est facile de se trouver des excuses et de se dire que ce monde-là est hors de notre portée car nous n'avons pas le génie de Steve Jobs ou l'instinct de Warren Buffett, mais ces gens-là, parfois partis d'en bas sont arrivé à se hisser au sommet par la force de leurs convictions, en dépassant leurs objectifs et en croyant toujours plus dans leurs rêves.

On peut d'ailleurs voir des empires monumentaux dégringoler parce qu'ils sont mal gérés, être riche aujourd'hui ne signifie pas que vous le serez toujours demain, ça s'apprend, et ça se cultive, et c'est pourquoi devenir riche progressivement vous permettra de le rester, car vous saurez comment vous avez fait pour le devenir et vous garderez donc cette manière de fonctionner pour le rester.

Croyez-le ou non mais des gens comme Elon Musk ou Mark Zuckerberg ne sont pas partis du postulat de départ qu'ils voulaient devenir riches, ils voulaient avant tout créer quelque chose, les idées se bousculaient dans leur tête et ils voulaient les concrétiser, et c'est en mettant en œuvre leurs compétences, pas pour l'argent mais pour donner vie à leur création, qu'ils ont fini par devenir riches, ils sont devenus riches en voulant créer quelque chose, à défaut de vouloir créer quelque chose pour devenir riche.

Malheureusement, nous ne sommes pas tous des génies, mais comment faire alors ?

Prenons l'exemple du krach boursier de Mars 2020, c'est le COVID, l'économie est à l'arrêt, et la bourse a dégringolé, et c'est en achetant un maximum d'actions à cette période que certains sont devenu riches, et je vous entends dire dans votre tête « ils ont eu de la chance d'investir quand les prix étaient au plus bas », mais en réalité, ils ont surtout eu le courage et le flair d'investir leurs économies au moment opportun, comme tous les grands de ce monde, ils ont vu apparaître une opportunité, et ils l'ont saisi !

Et c'est ce que vous devez faire aussi, vous avez loupé le coche en mars 2020, certes, est-ce car vous n'avez pas de chance ? Non, loin de là, c'est uniquement parce que vous n'aviez pas idée que vous pouviez tirer profit d'une telle crise, et on en revient à la culture, l'information, l'apprentissage, apprenez de vos erreurs passées, apprenez des opportunités que vous avez loupées, la richesse n'est pas une question de chance, mais une question d'état d'esprit !

Ne cherchez pas à gagner plus, cherchez à devenir plus !

Tout le travail se fait dans la tête, tout part du jour où vous avez le déclic et où vous vous dites « j'arrête de stagner, je vais de l'avant et je donne le maximum de moi-même ».

Jim Rohn nous dit « Vise de devenir millionnaire, et voici pourquoi : Pour ce que cela fera de toi pour l'accomplir ».

Ce qu'il faut comprendre ici, c'est que le chemin pour atteindre son objectif est aussi important voire plus encore que l'objectif en lui-même, car si vous gagnez un million d'euros demain sans n'avoir rien fait, et que vous le perdez, vous reviendrez à la case départ tandis que si vous vous dépassez et que vous arrivez à terme à obtenir ce million d'euro, si vous le perdez, vous serez a même de le gagner à nouveau.

Il est bien plus facile de gagner plus, que de devenir plus, pour la simple et bonne raison que devenir plus vous forcera à changer. En essayant de gagner plus, vous prendrez le risque de finir les mains vides, tandis que si vous cherchez à devenir plus, à acquérir de la valeur ajoutée, à vous fixer des objectifs toujours plus hauts, même si vous échouez, vous apprendrez dans l'échec et cet échec en lui-même vous fera devenir plus.

Par ailleurs, vous ne deviendrez pas forcément plus si vous gagnez plus, tandis que vous gagnerez forcément plus si vous devenez plus, c'est aussi simple que ça et c'est valable à tous les niveaux, si vous êtes maçon, et que vous êtes le meilleur maçon, l'argent viendra, si vous êtes commercial et que vous êtes le meilleur, l'argent ne sera plus un problème et vous n'aurez plus à vous soucier de gagner plus.

Ne vous enfermez pas dans la médiocrité, arrêtez de vous sous-estimer, ne vous fixez pas des objectifs trop bas, fixez-vous des objectifs toujours plus hauts, forgez-vous dans la difficulté et dans l'effort, allez là où les attentes et les exigences sont élevées, allez là où sont les pressions pour vous accomplir, grandir, et n'arrêtez jamais d'avancer, si vous escaladez une montagne, pensez-vous atteindre un jour le sommet si en partant vous vous êtes fixé pour objectif d'atteindre le milieu ?

Comme nous avons pu l'évoquer un peu plus tôt dans ce livre, n'arrêtez jamais d'apprendre car ces connaissances vous feront sortir du lot et vous pourrez toujours en tirer profit, et au-delà de ça, misez sur le savoir être, encore plus que sur le savoir-faire car dans un milieu où la formation est facilement accessible et où la concurrence n'a jamais été aussi présente, c'est votre personne et votre façon d'être qui vous fera vous différencier des autres à compétences égales.

Cela porte un nom en marketing, les « Soft Skills », comprenez les capacités et compétences de ressources comportementales, relationnelles et émotionnelles, et on a plus besoin de ça aujourd'hui que de « Hard Skills », (les savoirs faire).

Vous l'aurez compris, devenir entrepreneur, devenir riche, devenir indépendant financièrement, peu importe les objectifs que vous vous fixez, le plus gros travail se fait dans votre tête, la plus grosse étape sera de formater votre cerveau et de l'adapter à un tout nouveau style de vie, à une toute nouvelle façon de penser, et de voir la vie, et si vous y arrivez, vous serez sur le début du chemin qui vous mènera au succès.

Sortez de votre zone de confort

Vous voulez avancer dans la vie mais vous aimez trop le confort de votre petite vie tranquille ? Et bien il est temps de vous bouger !

Que faites-vous le soir après une bonne journée de travail ? Vous rentrez chez vous, cuisinez ou commandez à manger et vous vous posez sur le canapé pour ne plus en bouger jusqu'à aller vous coucher ? Votre télé est votre meilleure amie et vous adorez passer du temps avec elle à coup de séries de télé-réalité et de jeux vidéos ?

Et pourquoi est-ce que vous ne profiteriez pas de votre temps libre pour développer un nouveau projet ? Si vous voulez mieux gagner votre vie et que votre emploi ne vous permet pas de le faire, diversifiez-vous, osez tenter quelque chose auquel vous n'auriez jamais songé !

Si vous avez des connaissances et des compétences, n'hésitez pas à les partager, lancez-vous sur internet, créez une page Instagram, ouvrez un blog, écrivez un livre ou montez votre propre chaine YouTube !

Ah ça oui ça fait peur, c'est un milieu que vous ne connaissez que du côté « utilisateur » mais pas du côté

« créateur », mais chaque personne, chaque page que vous suivez sur ces différents supports sont bien partis de quelque part eux aussi, et s'ils ont réussi alors pourquoi ne pourriez-vous pas ?

J'entends déjà vos connaissances se moquer de vous « toi ? tu as écrit un livre ? Et depuis quand tu es auteur ? » ou encore « Créer une chaine YouTube ? Comme si personne n'y avait pensé avant toi », vous savez ce que je pense de ce genre de personnes…

Ignorez-les et suivez votre chemin, souvenez-vous, avant de parler de profit, vous devez déjà aborder un sujet qui vous passionne, et dont vous aimez parler, débattre, et pour lequel vous aurez peut-être des conseils ou des directions à donner.

Partez du principe que vous ne faites pas ça pour l'argent, mais pour l'expérience que cela vous apporte, si j'écris un livre et qu'il ne se vend pas, je n'aurai pas de regrets car j'aurai vécu l'expérience d'écrire mon propre livre, si je crée une page YouTube et que mon audience ne décolle pas, et bien ça n'est pas grave car j'aurai vécu dans la peau d'un youtubeur pendant quelques temps.

En revanche, si mon livre se vend, si ma page YouTube décolle, j'aurai la satisfaction d'avoir pu vivre ces expériences, d'avoir pu aider mon prochain et partager mon savoir, et en prime, j'aurai pu en tirer des bénéfices, tout le monde sera content, et nous retrouvons ici la relation gagnant-gagnant.

Alors certes, ça prend du temps, ça demande de l'investissement personnel, mais je peux vous garantir que vous n'aurez pas meilleure sensation que de monter un tel projet, vous vous levez le matin, vous travaillez la journée, et une fois rentré chez vous le soir, vous travaillez sur votre projet, vous réfléchissez à votre plan, votre contenu, le pourquoi du comment, vous vous investissez à fond, ne voyez plus passer les heures, et vous adorez ça, vous savez pourquoi ?

Parce que ça vous stimule ! Tout cela est nouveau pour vous, vous avez peut-être déjà eu des projets à développer, pour le travail ou pour l'école mais c'était sur des sujets donnés qui ne vous intéressaient qu'à moitié, alors que là vous pouvez plonger en plein dans ce que vous aimez, et, à partir de là, créer quelque chose de concret, puis, d'une idée en vient une autre, vous vous dispersez car vous avez envie de tout faire en même temps, n'oubliez pas de rester organisé, chaque chose en son temps, un projet après l'autre !

Vous verrez qu'à terme, vous n'aurez plus de temps à consacrer à vos anciennes activités peu productives comme la télé ou les jeux vidéo, vous mènerez une vie active, une vie d'entrepreneur, vous n'aurez « plus le temps », « je travaille la journée, puis je fais une heure de sport, enfin je rentre je mange et je me penche sur mon projet, de temps en temps je check mon portefeuille boursier ».

C'est là la vie que vous mènerez, et cela vous fera un bien fou, vous aurez plus confiance en vous, vous serez stimulé donc plus actif et plus heureux dans votre vie, et vous serez un exemple à suivre pour les gens qui n'ont pas encore commencé à suivre une telle dynamique !

Restez cependant organisé, je vous l'ai déjà dit mais dans la vie il est important d'être carré quand on se lance dans un nouveau projet, faites votre plan, pensez à tout, imaginez les finalités de chaque branche que vous allez faire pousser, plus vous serez organisé et plus la réalisation du projet sera claire et facile à suivre.

Vous pourrez gérer chaque chose en son temps, l'une après l'autre, et vous n'aurez qu'à suivre le plan que vous vous êtes fixé, vous verrez que vous avancerez bien plus vite et que vous travaillerez de manière bien plus efficace.

Arrêtez de remettre à demain ce que vous pouvez faire aujourd'hui

Je vous l'ai déjà dit ! La flemme vous coûtera cher, mais aussi la flemme vous mettra dans un mauvais état d'esprit, c'est toujours plus facile de remettre les choses à plus tard, on est bien à l'aise sur son canapé et il faut aller faire tourner la machine à laver, quelle motivation pouvons-nous bien avoir... Mais j'ai un scoop, si vous ne le faites pas, personne ne le fera à votre place, et c'est pareil pour toutes les choses que vous aurez à accomplir dans votre vie.

La procrastination est un fléau, cependant, nous pouvons y remédier, là encore, c'est dans la tête que ça se passe, commencez par de petites choses, et vous verrez petit à petit que votre travail sur vous-même, s'appliquera à des choses bien plus grandes.

Partez du principe que si vous avez quelque chose à faire et que vous sentez la flemme monter en vous, votre esprit n'aura besoin que d'un minuscule déclic pour se mettre en route et activer votre corps, reprenons notre histoire de machine à laver, vous êtes au fond de votre canapé et vous avez la flemme de bouger, et bien levez-vous et partez en direction de la machine, cette simple action, le fait de « démarrer l'action », mettra en route votre tête et votre corps pour accomplir cette tâche.

Commencez par éliminer la procrastination dans des petites actions du quotidien, quand vous avez quelque chose à faire, ne pensez pas à le faire plus tard, dites-vous que le bon moment c'est maintenant et faites-le, et vous verrez que machinalement vous appliquerez ce reflexe sur d'autres choses, d'autres tâches.

Dans la vie, c'est comme au sport, plus vous en faites et plus vous êtes capable d'en faire, à l'inverse moins vous en faites et moins vous serez en mesure d'en faire, c'est comme ça que fonctionne votre cerveau, il est stimulé par l'action, le fait de se mettre en route l'incite à continuer et à rester en activité, à vous de voir si vous voulez faire partie des gens qui font marcher leur cerveau, ou de ceux qui le laissent au repos.

Venons-en maintenant à vos projets, vous avez envie de monter une boutique en ligne ou de créer un blog ? Mais vous n'avez pas le temps pour le moment ? Vous avez mieux à faire ? Vous sentez que ça n'est pas la bonne période ? Du coup vous le ferez plus tard, sauf que dans 80% des cas, les « plus tard » se transforment en « jamais », puis, en « j'aurais dû », oui, effectivement, tu aurais dû mais tu as eu la flemme et maintenant ton créneau est passé...

Comprenez que c'est quand l'idée surgit qu'il faut la cultiver et la faire germer, il faut battre le fer quand il est chaud, car si vous le laissez refroidir trop longtemps vous ne pourrez plus l'utiliser, et arrêtez de vous trouver des excuses, quand on cherche le temps, on le trouve, quand on cherche la motivation, on la trouve également, il n'appartient qu'à vous de vous lever de ce fichu canapé et d'aller réaliser vos rêves !

La loi de l'attraction

Pour citer un certain Georges Mc Fly, pour ceux qui reconnaitront la référence, quand on veut très fort quelque chose, on finit toujours par y arriver.

C'est le principe même de la loi de l'attraction, d'une manière générale c'est une loi qui indique que le positif amène le positif, et que le négatif amène le négatif, comprenez que si vous voyez toujours le verre à moitié plein, il vous arrivera plus facilement des bonnes choses, et, à l'inverse, plus vous verrez la vie de manière sombre et négative, et plus il vous arrivera des couacs et des mésaventures.

Dans votre cas, vous allez utiliser ce principe pour atteindre vos objectifs, en pratique, cette « loi » nous incite à penser, visualiser notre but, notre objectif, encore et encore, jusqu'à l'atteindre.

Pour ce faire, il est important d'avoir des objectifs précis, par exemple, ne dites pas que vous voulez être riche mais dites combien vous voulez avoir, ne dites pas que vous voulez perdre du poids, dites combien vous voulez perdre, vous devez aussi être précis sur la durée que cela doit vous prendre, il faut encadrer au maximum votre objectif, être capable de dire clairement, à cette date-là je veux atteindre cet objectif-là.

Une fois l'objectif clair et déterminé, écrivez-le par exemple sur un bout de papier que vous garderez. Chaque matin en vous levant, lisez le papier, dans votre journée, prenez le papier et lisez-le, le soir avant de vous coucher, lisez-le encore, de cette manière, vous allez conditionner votre esprit afin qu'il considère cet objectif comme le but à atteindre.

En faisant ça vous allez faire passer cet objectif de votre conscient à votre inconscient, et c'est ce qui va faire que vous mettrez tout en œuvre afin de l'atteindre, de manière plus motivée, plus inspirée, car votre esprit vous indiquera de lui-même le chemin à suivre.

Et puis, si on doit approfondir le principe de la loi de l'attraction jusqu'au bout, plus vous y penserez, plus vous émettrez des ondes positives, et l'univers mettra votre objectif à votre portée, pour ceux qui croient à ces choses-là bien entendu.

Si vous vous découragez, que vous vous dites que vos objectifs sont trop hauts et que vous ne pourrez jamais les atteindre, vous ne les atteindrez jamais, en revanche, si vous vous remémorez chaque jours vos objectifs, et que vous vous persuadez que vous pouvez y arriver et que vous en êtes capable, vous y arriverez.

D'une manière générale, voyez la vie sous un œil positif, apprenez à relativiser, quoiqu'il puisse vous arriver, dites-vous qu'il y a toujours pire et, remerciez la vie pour les choses positives qu'elle vous apporte au lieu de vous focaliser sur le peu de négativité dont vous avez pu être victime, si vous tombez, il ne tient qu'à vous de rester à terre et d'accuser le monde entier de vous avoir fait tomber, ou de vous relever et de repartir afin de réaliser vos rêves.

Ce qu'il faut retenir

Si je devais vous résumer ce chapitre, et bien je vous dirais que le plus gros du travail se fait dans votre tête, formatez votre cerveau et commencez à penser comme un investisseur, il n'y a pas de limites plus grandes que celles que vous vous fixez vous-même.

Apprenez à gérer votre argent d'une main de fer, en gagner c'est bien, mais le faire fructifier c'est mieux, trouvez le juste milieu entre le fait de profiter de votre vie sans pour autant gaspiller vos économies dans des bêtises, ne devenez pas radin mais dépensez intelligemment, faites la différence entre ce que vous voulez et ce dont vous avez besoin.

Enrichissez vos connaissances, formez-vous, discutez, lisez, écoutez, apprenez, gagnez en assurance et en savoir-faire, car plus vous en savez et plus vous en aurez à revendre, ainsi vous pourrez en tirer profit.

Entourez-vous des bonnes personnes et apprenez à diversifier vos activités, n'hésitez pas à demander de l'aide autour de vous, et n'hésitez pas à proposer la vôtre car si vous donnez aux bonnes personnes, elles vous le rendront.

Avant de chercher à faire du profit, cherchez à vous améliorer, ayez des idées, imaginez différents projets à mettre en œuvre, leur déroulement et leur finalité.

Arrêtez d'attendre, arrêtez d'hésiter et lancez-vous, le premier pas est toujours le plus difficile à faire mais la suite du chemin est merveilleuse et le succès vous attendra au bout.

Il n'appartient qu'à vous de continuer à vivre votre vie actuelle ou de décider d'en changer et de vivre une expérience qui vous changera, qui vous rendra riche de connaissances, et pourquoi pas riche d'argent, suivez votre instinct, mettez un pas devant l'autre et avancez, donnez-vous, investissez-vous, faites les efforts nécessaires et fixez-vous des objectifs toujours plus grands.

N'oubliez pas que vos investissements d'aujourd'hui deviendront vos revenus de demain, alors n'ayez pas peur, visez haut, et voyez loin, remontez-vous les manches et changez de vie.

Chapitre 2

Investir dans l'immobilier

Devenir rentier immobilier, oui mais comment ?

On a tous un jour fait ce rêve de pouvoir arrêter de travailler et de vivre de nos revenus passifs, de pouvoir vaquer à nos occupations, prendre du temps pour notre famille, nos amis, nos passions et nos hobbies, tout en gagnant notre vie.

Pour les personnes qui ne sont pas familières du monde de l'investissement, la façon la plus accessible et la plus simple, et parfois même la seule qu'ils connaissent, c'est de devenir rentier immobilier.

Il existe une multitude d'investissements, tout un éventail de possibilités afin de profiter de revenus passifs, et l'immobilier est effectivement l'investissement le plus connu et le plus démocratisé, mais alors qu'est-ce que cela signifie d'être rentier immobilier ?

Et bien cela signifie que vous êtes propriétaire d'un ou plusieurs biens immobiliers que vous louez, et les loyers que vous percevez de vos locataires vous permettent de vivre, ainsi vous pouvez arrêter de travailler et vivre de vos rentes, tentant non ?

Pourtant ça n'est pas aussi facile que vous pouvez l'imaginer, sinon vous vous doutez bien que tout le monde le ferait, le monde de l'immobilier est un monde qu'il faut comprendre, et comme tout investissement il est important que vous en connaissiez toutes les subtilités avant de vous y lancer.

Il y a beaucoup de critères à prendre en compte, une vision à avoir sur le marché, toute autre que si vous achetiez pour vous, des calculs à effectuer afin de savoir si l'investissement sera rentable ou non, il vous faudra également optimiser votre fiscalité afin de ne pas vous faire avaler tout cru par les impôts, des règles à connaître et des erreurs à éviter.

Devenir rentier immobilier est un beau rêve mais ça ne s'improvise pas, comme toute chose il va falloir prendre le temps d'apprendre, d'analyser, de vous informer, de vous instruire, tout vient à point à qui sait attendre, et se lancer à l'aveugle sur une intuition ou un coup de tête vous mènera droit dans le mur, gardez à l'esprit que votre but est d'investir votre argent pour en gagner davantage et pas de le dépenser pour le perdre et repartir à zéro.

Pour ma part, l'immobilier est mon travail, je suis baigné dans ce bain chaque jour depuis des années, je n'ai donc eu aucune hésitation quand il a fallu saisir les opportunités qui se sont présentées à moi et investir mon argent personnel, car je savais exactement où je mettais les pieds.

Pour votre part, je comprends que vous puissiez avoir peur de vous lancer, l'immobilier ça n'est pas votre métier, pour certains d'entre vous c'est un monde que vous apprenez à découvrir depuis peu de temps, vous avez besoin d'être conseillé, d'être éclairé, vous avez peur de faire des erreurs et vous attendez de trouver « la bonne affaire » pour commencer à investir.

Alors formez-vous, acquérez des connaissances sur ce milieu, lisez des livres, lisez des articles, écoutez des podcasts, regardez des vidéos, car c'est seulement quand vous aurez les connaissances nécessaires sur le sujet que vous pourrez vous lancer sereinement et sans aucune crainte.

Pourquoi acheter votre résidence principale avant d'investir ?

Que ce soit dans l'immobilier ou ailleurs, tout investissement commence par une somme d'argent, un bien immobilier coûtant plusieurs dizaines de milliers d'euros, voire plusieurs centaines, il vous faudra un coup de main afin de les financer, c'est là que la banque entre en jeu.

Il y a plusieurs façons d'approcher la banque afin d'avoir un financement, vous avez peut-être une excellente relation avec votre conseiller, ainsi il pourra vous proposer des offres intéressantes.

Vous pouvez également passer par un courtier qui fera jouer la concurrence entre différentes banques pour vous, ou, si vous n'avez aucune attache et que vous voulez économiser d'éventuels frais de courtage, vous pouvez vous-même démarcher les banques afin de soumettre votre projet.

Il est intéressant d'observer qu'un courtier aura plus de poids que vous auprès des banques et pourra ainsi vous obtenir, parfois, de meilleures offres et de meilleurs taux dans votre propre banque, alors même que vous entretenez une excellente relation avec votre conseiller.

Ne blâmez pas votre conseiller pour autant, il a fait de son mieux mais il y a un seuil qu'il ne peut pas dépasser avec vous car sa hiérarchie ne lui permet pas, hiérarchie qui sera plus souple avec un courtier qui va lui amener plusieurs dossiers et négocier ainsi sur des plus grosses conditions, voyez-vous comme un simple détaillant, et votre courtier comme un grossiste.

Par ailleurs, si la banque refuse votre projet, le courtier ira en solliciter d'autres et mettra tout en œuvre pour vous trouver un financement, mais si plusieurs banques refusent votre projet, demandez-vous alors pourquoi, est-ce parce que le projet en lui-même n'est pas si intéressant qu'il y paraît, ou est-ce parce que votre profil pose problème ?

Je reçois beaucoup de jeunes qui sont dans la tranche 18-25 ans et qui veulent commencer à investir, ils viennent alors me demander conseil sur leur projet, et la première question que je leur pose, c'est s'ils sont propriétaire de leur résidence principale, et le plus souvent leur réponse est non.

Certains sont en location, d'autres vivent encore chez leurs parents, et ils veulent investir tout de suite dans l'immobilier, alors je salue leur démarche car c'est une belle façon de penser, mais il ne faut pas mettre la charrue avant les bœufs, souvenez-vous qu'ici comme dans tout autre investissement il faut avoir une vision globale.

D'une manière générale, les banques ont du mal à prêter de l'argent pour un investissement locatif alors que vous n'êtes pas propriétaire de votre résidence principale, car les banques résonnent en terme de « risque ».

Dans leur façon de fonctionner, si vous êtes déjà propriétaire de votre résidence principale et que vous souhaitez emprunter pour du locatif, ils verront le risque diminuer car si vous n'arrivez plus à rembourser ils n'auront qu'à saisir votre bien locatif, et si ça ne suffit pas, votre résidence principale pour se rembourser.

A l'inverse, si vous n'en avez pas, ils devront alors se baser sur la rentabilité de votre projet locatif et ils ne vous prêteront que s'ils sont sûr que la vente de votre bien locatif pourra les rembourser entièrement si vous n'arrivez plus à les rembourser.

Pour faire un prêt immobilier, la banque va se baser sur vos dépenses fixes (crédits en cours, pensions, etc...), ainsi que vos revenus, et va calculer votre taux d'endettement, elle sera ainsi en mesure de vous dire combien vous pouvez emprunter.

Pour simplifier la chose, dites-vous simplement que le montant de vos dépenses ne doit pas excéder 33% de vos revenus, c'est pourquoi il est important de ne pas avoir de crédit en cours ou d'autres dépenses de ce genre quand vous voulez emprunter car vous aurez ainsi une capacité d'emprunt au maximum de son potentiel.

Il faut savoir qu'acheter un bien locatif avant d'acheter votre résidence principale entachera votre capacité d'emprunt selon la rentabilité qu'il présente, et vous souffrirez donc d'un handicap le jour où vous déciderez d'acheter une résidence principale.

En effet, pour ce qui est des revenus locatifs, la banque conserve une notion de « risque », aussi, elle ne prendra en compte que 70% de vos revenus locatifs et non la totalité, il sera donc important pour vous de trouver un bien qui présente une rentabilité suffisante afin de payer des mensualités 30% moins élevées que le loyer que vous percevrez.

Ainsi vous équilibrerez la balance et serez à zéro, par ailleurs, ce delta de 30% que vous toucherez en plus vous permettra de payer la taxe foncière et les impôts sur le revenus relatifs à ce bien, on appelle ça une opération blanche.

Mais alors vous allez me dire, pourquoi acheter en premier sa résidence principale si on peut investir avant, il suffit de trouver des biens rentables et on peut alors rester locataire ou continuer de vivre chez ses parents.

Oui, certes, certains vous conseilleront même de rester locataire toute votre vie et d'investir à côté, ainsi vous garderez votre trésorerie pour les apports de vos opérations, et vous vous préservrez des impôts fonciers, des frais d'acquisition (frais de dossier, frais d'acte, etc..) et autres dépenses qui y sont liées.

Certes, il y a effectivement deux manières de voir les choses, mais je suis partisan de la première car elle m'apporte une tranquillité d'esprit et une certaine sérénité. Etant propriétaire de ma résidence principale, et aujourd'hui, ayant plusieurs biens locatifs, je sais que je peux aller solliciter ma banque pour un nouveau projet à tout moment, et qu'ils me suivront les yeux fermés si le projet tient la route.

Par ailleurs, j'aime savoir que je vis chez moi, pouvoir faire ce que je veux dans mon logement, de la décoration, des travaux, savoir que le montant que je paye chaque mois est un montant que je récupèrerai le jour où je le vendrai, à l'inverse d'un locataire qui paye un loyer chaque mois qu'il ne récupèrera jamais.

Je pense que c'est une meilleure façon de faire, plus lente au début, certes, mais plus rentable sur le long terme, et c'est précisément la vision que vous devez avoir, l'argent que vous gagnerez sur le long terme, dépenser de l'argent aujourd'hui pour en gagner demain.

Comment dépasser la peur du premier achat ?

Vous êtes jeune, vous avez plein de projets en tête mais à vrai dire, vous n'avez jamais vraiment agi par vous-même, toujours secondé par vos proches, sans prendre vraiment de risques, et bien ça y est, c'est le moment de vous lancer, et de prendre votre envol !

Ça fait toujours peur de se lancer, on avance vers l'inconnu, c'est notre entrée dans la vie active, dans la vie d'adulte qui se concrétise, fini le confort de votre chambre chez vos parents, fini les locations qui durent six mois, ou un an, vous vous apprêtez à vous engager, à engager votre argent et votre avenir sur un prêt de 20 ou 25 ans, ça n'est pas rien et ça peut paraître insurmontable, mais je vais vous confier un secret, en matière d'investissement immobilier, comme dans tout le reste c'est le premier pas qui est le plus dur car une fois que vous vous serez lancé vous n'aurez plus envie d'arrêter !

N'hésitez pas à vous entourer, écoutez ce que vous disent vos parents mais ne buvez pas leurs paroles aveuglément car ils ont certes plus d'expérience que vous mais ils n'ont ni les connaissances ni les compétences d'un professionnel de l'immobilier, de la finance, ou du bâtiment.

Ecoutez les conseils qu'on vous donne mais restez sur votre propre chemin, ne vous laissez pas influencer par cette connaissance un peu bavarde qui croit tout connaître sur l'immobilier, ou par les reportages que vous voyez à la télévision qui cherchent avant tout à faire de l'audience.

Posez un maximum de questions même celles qui vous paraissent les plus idiotes, vous savez qu'il vaut mieux poser une question au risque de paraître idiot, que de ne pas avoir de réponse et rester bête toute votre vie, renseignez-vous sur le sujet, lisez des articles, regardez des vidéos, écoutez des podcasts, faites des formations.

Plus vous en saurez et plus vous verrez la peur vous quitter car vous saurez exactement où vous mettez les pieds, après il n'y a pas de secret, si vous avez la flemme, ou que ce sujet ne vous intéresse pas, alors faites comme bon vous semble mais vous ne viendrez pas vous plaindre si vous avez commis des erreurs !

Dites-vous que rien ne sert d'attendre pour être « prêt », en soit, nous ne sommes jamais vraiment prêts, on se dit qu'on aurait toujours pu faire mieux et éviter certaines erreurs, mais la perfection n'existe pas, et le mieux est l'ennemi du bien, alors évitez de vous poser trop de questions et lancez-vous.

Rassurez-vous, concernant votre résidence principale, faire un prêt sur 25 ans ne signifie pas que vous serez engagé vis-à-vis du logement que vous achetez sur 25 ans, enfin, si, mais vous pouvez solder le prêt à tout moment, même au bout de quelques années, et en faire un nouveau pour un autre logement, le fait d'emprunter sur une telle durée vous permettra de réduire vos mensualités et de pouvoir emprunter une plus grosse somme, ou, à somme égale, de conserver un meilleur pouvoir d'achat.

Concernant un appartement locatif, il ne faut pas avoir peur des 15 ou 20 ans du prêt, de toutes manières vous ne le verrez même pas passer car c'est vos locataires qui le paieront, d'une part, et puis l'investissement immobilier est un modèle d'investissement qui correspond à une stratégie à long terme, c'est donc dans votre intérêt d'emprunter sur des longues durées.

Je maintiens que la durée optimale d'un financement pour un investissement locatif doit être entre 15 et 20 ans, au-delà vous limiterez votre rentabilité du fait des nombreux intérêts que vous paierez et ce même s'il sont déductibles de vos revenus fonciers.

Quoiqu'il en soit, n'ayez pas peur de faire le premier pas, vous ferez des erreurs quoiqu'il arrive, et c'est normal car nous en faisons tous, mais vous pourrez apprendre de ces erreurs pour vos prochaines acquisitions.

Par ailleurs, plus vous vous lancez jeune, plus vous pourrez récolter le fruit de vos investissements jeune, car pour un investissement locatif, un prêt sur 15 ans ça peut paraître long, mais si on le fait à 20 ans, le bien sera alors totalement payé alors que vous n'aurez que 35 ans, et vous pourrez en récolter la totalité des loyers durant le reste de votre vie.

Et concernant votre résidence principale, le schéma classique est de faire un prêt sur 25 ans pour votre première acquisition, puis de le solder entre 6 et 8 ans plus tard en vendant ce logement, et de refaire un prêt pour acheter plus gros, l'argent que vous avez remboursé durant ces années vous permettra de récupérer des liquidités qui vous serviront d'apport pour votre prochain achat, puis recommencez l'opération jusqu'à atteindre le résultat que vous voulez, la maison dont vous rêvez.

Quels critères prendre en compte pour acheter un bien locatif ?

Acheter un bien immobilier, ça n'est pas comme acheter une baguette de pain vous vous en doutez, il y a un certain nombre de critères à prendre en compte, d'autant plus quand cette acquisition prend le chemin d'un investissement locatif.

Vous devez d'une part discerner les critères qui sont important vis-à-vis de l'investissement, à savoir ses caractéristiques, son emplacement, sa rentabilité, les frais qui s'y rapportent, les frais à prévoir, etc… et les critères qui sont important vis-à-vis de vous-même, en fonction de votre projet.

Est-ce que vous voulez un bien près de chez vous, ou est-ce que ça ne vous dérange pas qu'il soit à l'autre bout de la région, est-ce que vous avez besoin d'un bien avec des travaux, ou peut-être préfèrerez-vous un bien dans lequel il n'y a plus qu'à poser ses valises.

Toute cette réflexion fait partie de votre business plan, plantez les bases du projet, vous devez avoir une idée claire du bien que vous cherchez, ainsi vous pourrez vous concentrer dessus et vous ne perdrez pas de temps ni d'énergie avec des biens qui ne collent pas à vos besoins.

La rentabilité est le premier critère que vous devez prendre en compte, le but de l'investissement étant qu'il vous rapporte, plus celle-ci sera élevée, plus votre banque vous suivra facilement, d'une part, et plus vous en tirerez de bénéfice, d'autre part.

Il est très simple de calculer la rentabilité locative d'un bien immobilier, il vous suffit de multiplier le montant du loyer hors charge par 11, de la diviser par le prix total du bien et de multiplier le tout par 100, vous obtiendrez alors un résultat autour de 5%.

On multiplie le montant du loyer par 11, cela représente 11 mois d'une année, le douzième mois n'entrant pas en compte dans le calcul car il vous servira à payer la taxe foncière.

Par la suite, le pourcentage que vous obtiendrez déterminera la rentabilité de l'opération, partez du principe qu'en dessous de 5%, ça ne sera pas rentable, et qu'au-delà de 10% vous devez sauter sur l'occasion, le plus souvent, vous serez dans une moyenne oscillant entre 7% et 8%, à vous d'essayer de négocier les meilleurs prix et d'optimiser le logement afin d'en tirer un meilleur loyer, et ainsi faire monter ce pourcentage.

Faites attention, le calcul ne prend pas en compte les frais d'acte (frais de notaire) qui s'élèvent en moyenne à 10% sur des biens dont la valeur est en dessous de 120.000€, et à 7,8% sur les biens dont la valeur dépasse 120.000€.

Prenons l'exemple d'un appartement vendu 70.000€ qui est loué 500€ / mois hors charges, le calcul sera donc de [(500x11) / 70.000] x100 = 7,86%, dans cet exemple, la rentabilité est intéressante, ça sera donc un projet à approfondir.

C'est aussi pourquoi les investisseurs n'ont pas de réel « budget » pour une telle opération, car peu importe le prix du bien, si la rentabilité est bonne, la banque vous prêtera, à vous en suite de faire vos calculs quant aux frais d'acte et aux impôts que vous paierez dessus.

Vous lirez dans beaucoup de livres et d'articles vous disant qu'il faut acheter les biens en dessous du prix du marché, et qu'une rentabilité locative de moins de 10% n'est pas intéressante, mais je vous invite à laisser ces personnes rêver et s'épuiser à chercher des biens qu'ils ne trouveront jamais, dans le monde réel.

Le marché de l'immobilier est très agressif et ces dernières années, il est très rapide, les bonnes opportunités se font rares et il faut être réactif si vous ne voulez pas qu'elles vous passent sous le nez.

Le deuxième critère à prendre en compte quand vous investissez est l'emplacement du bien, car n'oubliez pas qu'une fois le bien acheté, il faudra ensuite le louer, il faudra alors voir si le projet peut être rentable vis-à-vis du potentiel de location, car si vous mettez 2 ou 3 mois à le relouer à chaque fois qu'un locataire s'en va, votre rentabilité va brutalement chuter.

Un bien dans un quartier attractif, proche des commerces et des commodités, se louera plus facilement et plus cher, mais sera également plus cher à l'achat, un bien dans un quartier peu demandé se louera parfois moins bien, même si le loyer est moins élevé.

Renseignez-vous auprès du service de l'urbanisme de la mairie de la ville où vous investissez, car acheter dans un quartier peu attractif peut se révéler intéressant si la mairie a pour projet de redynamiser le quartier ou de créer du logement ou des commerces dans ce même quartier afin de lui donner une nouvelle jeunesse, votre logement gagnera alors de la valeur, et vous pourrez également le louer plus cher dans les années qui suivront votre acquisition.

Par ailleurs, dans les régions où l'immobilier est cher, comme les Bouches du Rhône par exemple, vous aurez du mal à trouver des biens avec une rentabilité qui dépasse les 5%, et c'est justement dans ce genre de quartiers présentant une attractivité moins forte que vous trouverez les biens qui présentent le plus gros potentiel, et pourquoi cela ? Parce que les investisseurs en herbe ont tendance à acheter des biens moins rentables mais plus

« jolis » et plus « sympa », plutôt que des biens un peu moins « sexy » mais beaucoup plus rentables.

Le troisième critère à prendre en compte quand vous investissez est le passif du bien, et les projets qui y sont liés, renseignez-vous sur les travaux qui ont été effectués ces dernières années sur le bien, sur la copropriété, sur le bâtiment et regardez s'il est prévu des travaux, plus ou moins gros à l'avenir car si c'est le cas c'est vous qui devrez en supporter les coûts et ces coûts peuvent très vite faire un trou dans votre budget quand il s'agit de refaire une toiture, désamianter des parties communes, ou ravaler la façade de l'immeuble, ces dépenses seront bien entendu communes, mais votre part n'en sera pas moins chargée.

Par ailleurs, faites très attention quand vous achetez un bien en copropriété, à la nature du syndic. Il existe deux types de syndic, le syndic professionnel géré par une société externe qui va gérer et réguler la vie de la copropriété, ses dépenses, ses travaux, et le syndic bénévole, qui coûtera certes bien moins cher qu'un syndic professionnel car il sera géré par l'un des copropriétaires de manière bénévole, mais sera du coup moins bien géré.

C'est avec les syndic bénévoles que l'on retrouve des immeubles vieillissants, voire vétustes, qui n'ont pas été rafraichis depuis des années voire des décennies, car personne ne veut s'en occuper, sauf que le jour où ces travaux qui auraient dû être faits depuis un moment deviennent urgents voire inévitables, ça sera encore une fois vous qui devrez en supporter les coûts.

Privilégiez donc les biens qui ont été régulièrement entretenus, et sur lesquels les gros travaux ont été réalisés en amont, ainsi vous réduirez vos chances d'avoir de mauvaises surprises quant à d'éventuels travaux à réaliser.

Les différents biens que vous pouvez acheter

Vous pouvez acheter tous types de biens, aussi bien des maisons que des appartements, des immeubles ou des terrains, il reste à savoir quel type de bien correspond le mieux à votre projet.

Une maison, c'est bien, c'est beau, ça se loue à des loyers parfois élevés mais ce sont les logements souvent les moins intéressants concernant la rentabilité locative car très cher à l'achat par rapport au loyer que vous en tirerez, de plus, la plupart du temps les locataires n'entretiennent pas correctement le bien qu'ils occupent, si vous avez une haie, une piscine par exemple, dites-vous que plus il y aura d'entretien, plus vous vous exposerez à ce que ça soit mal fait, voire pas du tout.

Un immeuble est souvent le bien le plus intéressant car, si vous arrivez à obtenir un bon prix, vous aurez plusieurs biens d'un coup que vous pourrez louer, pas de problème de copropriété car vous êtes le seul propriétaire, cependant c'est vous qui assumerez la totalité des travaux, c'est un investissement que je ne recommande pas aux investisseurs qui débutent car ce type de logement représente un risque plus élevé si vous n'y êtes pas préparé.

Un appartement est souvent le bien le plus intéressant, il y en a plus sur le marché, de ce fait, le choix est plus large, on peut en trouver à des prix très abordables, avec ou sans travaux, avec ou sans locataire, avec des loyers parfois intéressants, il faut cependant se méfier des grosses copropriétés car les travaux qui peuvent être votés au cours des assemblées générales peuvent représenter un coût non négligeable.

Par ailleurs, quand vous investissez, anticipez le type de locataire que vous aurez, par exemple, un appartement en rez-de-jardin se louera plus cher et plus facilement, cependant il aura tendance à attirer des locataires possédant des animaux, chiens ou chats, vous n'avez légalement pas le droit de refuser ces locataires, mais un animal au sein de votre logement l'usera plus vite, préférez donc un logement à l'étage, avec une terrasse par exemple.

Vous avec le choix des biens dans lesquels vous souhaitez investir, certains représentent un risque plus élevé ou une charge de travail plus conséquente mais sont parfois plus rentables, d'autres le sont un peu moins mais seront idéaux pour des locataires car représentant moins d'entretien.

Je pense qu'il sera intéressant pour vous de commencer petit, avec vos moyens, et petit à petit vous serez à l'aise avec ce milieu, vous pourrez alors vous lancer dans des projets de plus grande envergure.

Pensez comme un investisseur et non comme un acquéreur

C'est l'erreur que font la plupart des investisseurs débutants, ils voient leurs investissements comme s'ils les achetaient pour eux, mais il faut que vous arriviez à faire la différence entre un bien que vous achetez pour vous et un bien que vous achetez pour louer, car dans le cas de la location, on se moque complètement que vous appréciez le bien, qu'il ait du charme ou une cuisine comme vous les aimez, car vous ne vivrez jamais dedans !

Certes, plus il est agréable, plus il se louera facilement, mais vous devez raisonner en chiffres, que le logement soit beau ou pas la question que vous devez vous poser c'est est-ce qu'il vaut son prix ? Est-ce qu'il vaut son loyer ? Est-ce que je peux optimiser le loyer en améliorant certaines choses dedans ? Combien cela me coûterait ? Est-ce que je peux tenter de négocier le prix ?

Détachez-vous du côté émotionnel et focalisez-vous sur le côté financier, car ça n'est pas parce qu'un logement ne vous plait pas qu'il ne plaira pas à quelqu'un d'autre, chacun a des goûts et des besoins différents.

Par ailleurs, quand vous achetez un bien pour vous, vous faites attention à beaucoup de choses, vous avez votre liste de critères plus ou moins importants sur lesquels vous basez votre choix, une personne qui recherche un bien à la location aura beaucoup moins de critères, les gens qui cherchent une location cherchent avant tout de l'utile.

Ils raisonnent certes en terme de sympathie quant à la beauté du bien et son attractivité, mais ils cherchent avant tout une surface, un nombre de chambres, un emplacement, du stationnement, un extérieur, et surtout quelque chose qui rentre dans leur budget, un locataire n'ira pas payer un loyer plus élevé pour un logement qui comporte trois chambres s'il n'en a besoin que de deux.

Si le bien que vous leur proposez rentre dans leurs critères premiers, et dans leur budget, ils regarderont moins les détails tels que la couleur du carrelage ou l'âge de la cuisine, car ils savent qu'ils ne passeront pas leur vie dans le logement, sachant que c'est pour eux un logement temporaire pour quelques mois ou quelques années, ils s'accommoderont des prestations proposées.

Deux des logements que je loue sont des appartements dans lesquels je ne me vois absolument pas vivre, situés dans des quartiers que je n'apprécie pas forcement, ils sont pourtant rentables et trouvent des locataires car l'offre qu'ils proposent répond à une demande sur leur secteur.

Nous en revenons au principe de base de n'importe quel marché à savoir l'offre et la demande, en tant qu'investisseur vous ne devez pas vous demander si le logement vous plait mais s'il répond à une demande suffisante pour pouvoir être rentable, car ça n'est pas parce qu'il n'est pas « beau » ou que le quartier n'est pas attractif qu'il n'y a pas de demande pour autant, il en faut pour tous les goûts, et pour tous les budgets.

Où sont les biens rentables ?

Cela fait plusieurs semaines, plusieurs mois, plusieurs années que vous cherchez à investir dans l'immobilier mais rien à faire, vous ne trouvez aucun bien intéressant, aucun bien qui soit rentable et qui vaut le détour, je vais vous expliquer pourquoi.

Parce que tout le monde se sert avant vous, tout simplement, partez du principe que si vous voyez un bien à destination d'investissement locatif à la vente sur internet ou dans une agence, c'est que les agents immobiliers, leurs proches et leurs contacts n'en ont pas voulu, que la rentabilité dans l'immédiat est trop basse, ou qu'il y a de trop gros travaux à prévoir.

Je ne dis pas qu'il n'y en a jamais qui tombent, vous pouvez être au bon endroit au bon moment, sur un bien qui n'a intéressé aucune des personnes qui y a eu accès avant vous parce qu'ils avaient tous d'autres projets, par exemple, et à ce moment-là je vous conseille d'être très réactif car vous ne serez pas le seul à être intéressé.

Si vous voulez être tenu au courant de ce genre d'opportunités, il va falloir vous faire un réseau dans le milieu de l'immobilier, du notariat et du bâtiment car c'est de ces trois pôles que sortent les informations intéressantes en première ligne, si vous n'avez aucune connaissance dans ces milieux, commencez par prendre contact avec différentes agences immobilières afin de vous faire connaître et relancez les régulièrement, à force d'entendre parler de vous ils finiront par penser à vous quand tombera une occasion dont ils ne veulent pas.

Puis, à mesure que vous ferez des acquisitions immobilières, vous aurez un meilleur contact avec votre notaire qui pourra éventuellement vous renseigner s'il sait que vous cherchez, car les notaires sont les premiers au courant des successions et qui dit succession dit vente dans 80% des cas.

Si vous achetez des biens que vous rénovez, vous pourrez nouer des liens avec les artisans qui viendront vous faire les travaux, ainsi en discutant vous pourrez savoir chez qui ils interviennent, ils ont parfois des informations intéressantes sur des chantiers qu'ils font sur des biens qui vont finir à la vente, ou chez un propriétaire qui a plusieurs biens et qui va bientôt en vendre un par exemple.

Plus vous avancerez dans vos investissements immobiliers, et plus vous aurez des contacts, vous finirez par avoir un vrai réseau, et par échange de bons procédés, un service en valant un autre, en rendant service à droite à gauche, vous finirez par obtenir les informations de premier choix, et vous serez ainsi en première ligne dans ce grand « réseau souterrain ».

Par ailleurs, comme j'ai pu vous le dire un peu plus tôt, les biens les plus attrayants ne sont pas forcément les plus rentables, c'est même rarement le cas, car les biens attractifs sont généralement vendu plus cher, ce qui fait chuter une éventuelle rentabilité locative les concernant.

N'hésitez pas alors à chercher des biens qui à première vue ne paraissent pas les plus attirants, car ce sont ceux-là qui parfois, en y regardant de plus près, vous permettront d'obtenir la meilleure rentabilité, n'oubliez pas qu'un bien qui n'est pas beau peut s'embellir, c'est même la base de l'investissement immobilier, acheter un bien à rafraichir, le rafraichir, et le louer ou le revendre en prenant un billet au passage.

Tout est encore une fois affaire de calculs, sachez également que les travaux que vous effectuerez dans un logement vous permettront de défiscaliser, cela vous permettra de voir vos impôts diminuer de manière drastique, on appelle ça le déficit foncier.

Le déficit foncier, c'est quoi ?

C'est très simple, chaque année vous payez vos impôts sur le revenu, vous faites la différence entre vos revenus et vos charges, et vous êtes imposé sur cette différence, maintenant imaginez que vos charges soient plus importantes que vos revenus, alors certes, l'Etat ne vous donnera pas d'argent à son tour, mais vous ne lui en devrez plus en revanche.

Vous avez deux régimes d'imposition quand vous faites de la location nue (location non meublée), le micro-foncier, disponible si vos revenus fonciers n'excèdent pas 15.000€ par an, dans ce cas de figure vous n'avez pas à soumettre vos charges car vous avez un abattement forfaitaire de 30%, intéressant si vous avez peu de charges mais ce régime ne vous permet pas de faire du déficit foncier.

Vous avez en suite le régime réel, qui vous permet de déclarer la totalité de vos charges, régime intéressant si vous avez de grosses charges, ainsi vous pouvez faire baisser drastiquement vos impôts sur le revenu.

Il y a un certain nombre de charges déductibles des impôts au régime réel, les frais de gestion et d'administration du bien, les impôts liés au logement que vous ne pouvez pas récupérer auprès du locataire, comme la taxe foncière par exemple, les provisions pour charges, l'indemnité d'éviction ou de relogement d'un locataire, les primes d'assurances et les frais d'emprunt, mais ça n'est pas ces frais-là qui vont vous permettre de faire du déficit foncier, ce sont les travaux.

Vous pouvez déduire de vos charges toutes les dépenses d'entretien ou de réparation du bien, comprenez que si vous changez la chaudière vous pouvez le déduire, si vous refaites le carrelage vous pouvez le déduire, pareil pour les fenêtres, la toiture, ou même une simple chasse d'eau, des plus petites aux plus grosses dépenses.

Alors, ne confondez pas le déficit foncier avec les aides de l'Etat dont vous pouvez bénéficier pour des travaux énergétiques tels que l'isolation des combles à 1€ ou le crédit d'impôts pour le changement des fenêtres, ces choses-là sont intéressantes au même titre mais ça n'est pas notre sujet.

Il faut savoir que si les charges dépassent le montant total de vos impôts, vous pourrez les reporter sur les années suivantes, durant 6 ans de l'ensemble de vos revenus et durant 10 ans de vos seuls revenus fonciers.

Prenons un exemple, vous gagnez chaque année, 25.000€ venant de vos revenus, et 15.000€ de vos revenus fonciers. Si vous êtes au régime du micro foncier, vous bénéficiez alors de l'abattement de 10% sur vos revenus d'une part, et de 30% sur vos revenus fonciers, vous devrez alors payer 3906€ d'impôts sur le revenu.

Mais vous venez d'acheter un immeuble à rénover et vous avez décidé de refaire la toiture, ainsi que le carrelage, les fenêtres et toute l'électricité, la facture tombe, 75.000€, ça fait mal sur le coup, mais vous avez décidé de passer aux frais réels, vous appliquez donc ces charges à votre déclaration, et là vous voyez votre facture tomber à zéro, mieux que ça vous réalisez que vous ne paierez pas non plus d'impôts l'année suivante !

Je sais ce que vous vous dites, quel est l'intérêt de dépenser 75.000€ pour en récupérer 8.000, et la réponse est très simple cet immeuble que vous avez acheté à rénover, vous l'avez rénové, sa valeur a donc grimpée, c'est évident que vous l'avez payé bien moins cher que le prix du marché étant donné qu'il était en mauvais état, en soit, vous n'avez fait que lui redonner de la valeur.

Vos 75.000€ investi étaient de toutes manières inclus dans le budget global de votre opération, vous aviez bien entendu étudié la rentabilité en prenant en compte ces travaux, et deux solutions s'offrent alors à vous, revendre l'immeuble et tenter de faire une plus-value (mais méfiez-vous car vous serez imposé sur cette plus-value), ou le garder et louer les logements qui y sont rattachés à un prix bien supérieur que ce que vous auriez pu en tirer avant de rénover le bâtiment.

En soit vous êtes doublement gagnant, car si vous vous êtes bien débrouillé, vous aurez réalisé des bénéfices sur cette opération d'achat - rénovation, et en plus de ça vous aurez pu réduire vos impôts et ce de manière non négligeable.

C'est principalement pour ça que beaucoup d'investisseurs recherchent des biens avec travaux, cela leur permet d'une part de réaliser du bénéfice sur l'opération et d'autre part de défiscaliser, et vous qui êtes ambitieux et motivé pour acheter le plus de logements possible afin de faire grimper vos revenus fonciers et devenir financièrement indépendant, je vous garantis que vous allez réfléchir à faire du déficit foncier bien plus vite que vous ne le croyez !

Devez-vous acheter dans l'ancien ou dans le neuf ?

C'est une question que vous devez vous poser sérieusement avant de commencer à investir, ces deux possibilités présentent chacune des avantages et des inconvénients, il ne tient qu'à vous de les comparer et de voir lesquels s'accordent le mieux à vos attentes et à vos projets.

Eclaircissons un point, acheter dans du neuf, ça signifie acheter un logement qui n'est pas encore construit, on appelle ça la VEFA (Vente en Etat de Futur Achèvement), c'est l'unique façon de bénéficier des avantages d'un logement dit « neuf ».

Si vous achetez un logement qui a été terminé il y a 3 mois, il sera neuf dans son état général, mais juridiquement parlant, il ne sera plus considéré comme neuf, c'est comme quand vous achetez une voiture, si vous l'achetez alors qu'elle a

1000Km, elle sera presque neuve, mais ne sera plus réellement neuve.

Acheter dans du neuf donne accès à de nombreux avantages, d'autant plus quand vous devenez propriétaire pour la première fois, car en tant que primo-accédant, vous êtes éligible au prêt à taux zéro, cela signifie que vous empruntez et qu'une partie de votre prêt vous est proposée à 0% d'intérêts (vous y avez aussi droit dans l'ancien, mais à condition de réaliser des travaux représentant 25% du coût total du logement autrement dit ça n'est pas la majorité des acquéreurs).

Acheter dans du neuf vous permet également de bénéficier de frais de notaire réduits. Comme vous le savez, lors d'une acquisition classique, l'acquéreur doit payer des frais d'actes plus communément appelés les « frais de notaires », qui sont d'ailleurs composés à 80% de taxes au profit de l'Etat, du département et de la commune, sachez-le, ça n'est pas le notaire qui se met la totalité dans les poches !

Quoiqu'il en soit, ces frais de notaire dans des logements classiques sont fixés à 10% pour des biens dont la valeur n'excède pas 120.000€, et est à 8% environ pour des biens dont la valeur est supérieure à 120.000€, et bien sur les logements neufs vous serez à 3%, je vous laisse faire le calcul sur un appartement à 200.000€, vous paierez 16.000€ de frais de notaire dans de l'ancien contre 6000€ seulement dans du neuf, le bénéfice n'est donc pas négligeable.

Par ailleurs, les logements neuf sont pour beaucoup éligibles aux différentes lois de défiscalisation, comme la loi Scellier ou la loi Pinel, ainsi en achetant des logements neufs que vous louerez avec un loyer plafonné, vous pourrez défiscaliser d'une part, et permettre à des locataires possédant des revenus modestes d'accéder à un logement qu'ils n'auraient pas pu avoir en temps normal, d'autre part.

Pour finir, en achetant sur plan, si vous vous y prenez assez à l'avance, vous pourrez choisir exactement quel logement vous souhaitez, sa disposition parmi les choix proposés, son emplacement dans la résidence, son exposition, et vous aurez un logement neuf, dans lequel tout est beau, tout est propre, et tout est économique.

Cependant, si vous achetez sur plan, vous devrez attendre que le chantier se termine et que l'appartement soit livré, et l'attente peut être parfois longue, de quelques mois à plusieurs années, il vous faudra donc trouver une solution pour vous loger en attendant, et si vous êtes locataire, c'est autant de loyers que vous jetterez par la fenêtre alors que vous auriez pu accéder à la propriété plus vite en achetant dans l'ancien.

Acheter un logement dans l'ancien ne veut pas dire que vous achetez un vieux logement, un logement qui a un an est récent, mais il est considéré comme de l'ancien, vous paierez alors plein pot les frais de notaire et les intérêts de votre prêt, mais à côté de ça, vous économiserez d'éventuelles dépenses liées à l'attente.

De plus, un logement ancien peut se négocier lors d'un achat contrairement à un logement neuf, car j'ai rarement vu des constructeurs négocier les prix de leurs logements, il faut savoir également que l'immobilier ancien est généralement 20 à 30 % moins cher que le neuf selon le secteur géographique, pour des prestations équivalentes (même type de bien, même surface, même environnement).

Là où dans du neuf, vous entrerez dans un logement sans aucun équipement le plus souvent, votre logement dans l'ancien sera déjà équipé, plaques, hotte, four, lave-vaisselle dans la cuisine, meuble vasque dans la salle de bains, dressing dans la penderie…

Vous emménagerez dans un logement qui sera prêt à l'usage, dans un environnement où la végétation a déjà poussé, où les extérieurs sont terminés, et ne sont pas de gros tas de terre un peu partout avec des petites plantes et arbustes qui mettront des années à pousser.

Sachez également que les programmes neufs ne poussent pas tous les quatre matins dans votre secteur de recherche, cela limitera donc votre choix, tandis que vous aurez un panel d'offres bien plus conséquent dans l'ancien.

Enfin, méfiez-vous des surprises, en achetant dans du neuf, liées à vos attentes et à vos espérances, les surfaces énoncées paraissent toujours plus grandes dans votre tête que dans la réalité, les projections en 3D ne représentent pas toujours la réalité une fois le chantier terminé, acheter dans de l'ancien vous permettra de visualiser le bien réellement et dans sa globalité, vous aurez une réelle idée de ses surfaces, de ses prestations, et de son environnement.

Pour conclure ce sujet, acheter dans l'ancien ou dans du neuf présente pour chacun des avantages et des inconvénients, le neuf sera peut-être plus intéressant pour des primo-accédant et des personnes voulant défiscaliser sans plus se prendre la tête, tandis que l'ancien conviendra à une majorité de personne voulant avoir un large choix en terme de propositions, d'emplacement et de prix.

Les erreurs à ne pas faire

Vous vous en doutez, si certains réussissent, d'autres échouent, parce qu'ils ont mal été conseillés, parce qu'ils en ont fait qu'à leur tête, ou parce qu'ils ont cru qu'ils n'avaient pas besoin d'aide et qu'ils pouvaient réussir tout seuls.

Comme je vous l'ai répété plusieurs fois, il n'y a aucune honte à demander de l'aide, aucune honte à se faire seconder, il vaut mieux ça plutôt que de se lancer tout seul sur un sujet qu'on ne maîtrise pas, donc entourez-vous des bonnes personnes, ainsi vous saurez dans quoi vous mettez les pieds.

Par ailleurs, il ne faut pas se précipiter, avoir des idées c'est bien, avoir de l'ambition c'est bien aussi, mais il ne faut pas être pressé pour autant.

Quand vous allez commencer à chercher des biens immobiliers à acquérir, vous allez peut-être mettre des semaines voire des mois à trouver des opportunités intéressantes, mais il ne faut pas se décourager et être patient, car si vous sautez sur la première opportunité parce que vous êtes pressé de « commencer à investir » vous risquez de faire une opération dont la rentabilité sera discutable, pire, si vous ne faites pas attention à chaque détail, vous risquez de perdre de l'argent.

Il est important de bien tout savoir d'un bien immobilier avant de l'acheter, la copropriété s'il y en a une, les dettes, les dépenses à prévoir, le syndic, les travaux réalisés ces dernières années, les projets d'urbanisme à proximité, la vie du quartier, tous ces facteurs peuvent influer sur votre rentabilité, il est donc important de ne pas les négliger.

Ecoutez les conseils des autres, mais n'en faites pas des exemples, car ce qui est vrai pour votre proche, ou pour une personne que vous prenez comme exemple ne l'est pas forcément pour vous, son caractère n'est pas le vôtre, sa vie n'est pas la vôtre, et ses objectifs et ses motivations dans la vie ne sont pas les mêmes que les vôtres, il est donc très important de rester concentré sur ses propres objectifs et sur son propre chemin, car faire comme les autres vous paraîtra peut-être plus simple, car vous aurez moins à réfléchir, mais cela ne vous conviendra peut-être pas dans la finalité.

Enfin, investissez dans un projet dans lequel vous croyez, si vous avez une opportunité d'acheter un immeuble avec des travaux par exemple, et que vous sentez que les travaux sont trop gros et que vous aurez du mal à supporter cette charge, financièrement ou émotionnellement, alors laissez tomber ce projet.

Par ailleurs, si vous avez une opportunité d'investir dans un logement qui paraît être une bonne affaire, mais que vous bloquez sur un point, alors n'y allez pas, car vous aurez constamment ce blocage en tête, et il est important que vous puissiez investir l'esprit tranquille, sans vous demander constamment si vous avez fait une bonne affaire ou si vous n'allez pas perdre d'argent.

Pourquoi créer une société ?

Pour commencer, quand je vous dis de créer une société, je ne parle pas d'une société à caractère professionnel, je vous parle d'une société pour gérer vos biens immobiliers, la société la plus courante pour cet usage est la SCI (Société Civile Immobilière), et elle présente plusieurs avantages que nous allons voir ensemble.

D'une part, acheter vos biens locatifs sur votre SCI vous permettra de faire la part des choses, d'avoir une organisation carrée, que ça soit au niveau des comptes, au niveau des revenus, ou au niveau des impôts.

Vous aurez donc d'un côté vos revenus à vous issu de vos activités personnelles comme votre emploi, sur lesquels vous paierez vos impôts et que vous utiliserez pour subvenir à vos charges personnelles, et les revenus de la SCI sur un compte distinct qui vous permettra de payer les impôts relatifs à vos revenus fonciers et de subvenir aux charges liées à vos logements.

C'est une manière pour vous d'y voir clair à tous les niveaux et de ne pas vous emmêler les pinceaux, ainsi vous pourrez garder une vision lucide sur votre budget, les revenus que vous avez, et les sommes que vous pouvez dépenser et épargner chaque mois.

D'autre part, acheter vos biens locatifs sur une SCI vous permettra d'économiser des impôts, le régime le plus intéressant pour des locations nues (non meublées) étant le régime de l'IS (Impôt sur les Sociétés) et nous allons voir pourquoi.

En tant que personne physique, vos impôts sur le revenu sont soumis à différentes tranches qui augmentent le pourcentage perçu à mesure que vos revenus augmentent.

Tranches	Taux d'imposition à appliquer sur la tranche correspondante (ou tranche marginale d'imposition)
Jusqu'à 10 084 €	0 %
De 10 085 € à 25 710 €	11 %
De 25 711 € à 73 516 €	30 %
De 73 517 € à 158 122 €	41 %

En soit, le pourcentage n'est pas extrêmement gênant sur les deux premières tranches, mais si vous dépassez les 25.711€ de revenus annuels, ce qui peut arriver assez vite, surtout si vous avez des revenus locatifs, je peux vous assurer que vous allez sentir passer la 3ème tranche et vous allez crier à l'escroquerie.

On peut imaginer que vous allez atteindre cette tranche rien qu'avec vos revenus personnels, alors imaginez si vous venez y ajouter vos revenus fonciers car oui vous aurez des charges à déduire mais si vous ne faites pas de déficit foncier, l'addition va grimper plus vite que vous ne le pensez et sera très salée.

En passant vos biens locatifs sur la SCI, vous serez imposé à l'IS, vous partirez alors de zéro et n'aurez pas à prendre en compte vos revenus personnels car cette imposition viendra s'ajouter à celle de vos revenus et concernera uniquement les revenus de votre SCI.

L'IS, c'est très simple à calculer car il n'y a que deux tranches :

- 15% jusqu'à 38.120€ de revenus
- 26,5% au-delà de cette somme.

De cette façon, vous allez scinder votre imposition en deux et plutôt que de la cumuler sur un barème progressif vous allez pouvoir partir de zéro des deux côtés.

Ainsi vous paierez d'un côté vos impôts sur le revenu par rapport à vos revenus personnels uniquement, de toutes manières vous ne pouvez pas y échapper à moins de faire une défiscalisation mais nous avons déjà abordé ce sujet, et vous paierez de l'autre côté les impôts relatifs à vos revenus fonciers sur une base de pourcentage bien moins élevé que ce que vous auriez pu avoir si vous aviez tout gardé en nom propre.

Vous l'aurez compris, créer une SCI sera à votre avantage du moment que vous commencerez à investir dans l'immobilier, vous y gagnerez en confort, ainsi qu'en économie d'impôts.

Vous pourrez la créer auprès d'un notaire qui pourra vous en rédiger les statuts, cela vous coûtera entre 700€ et 1200€, il faudra en revanche être deux minimum car une SCI ne peut pas se créer à une seule personne, dans ce cas, deux possibilités s'offrent à vous.

Associez-vous à une personne de confiance, un ou plusieurs autres investisseurs et gérez la SCI à deux ou plus, ou alors associez-vous à un proche, ou une personne de confiance également mais qui n'interviendra pas dans la SCI, placez-vous majoritaire à 99% et laissez-lui 1% symbolique, de cette façon vous serez seul maître à bord et selon les statuts que vous rédige le notaire, vous n'aurez même pas besoin de la signature de la deuxième personne pour effectuer des transactions au sein de la société.

Faites attention à créer votre SCI au bon moment car si vous achetez un bien immobilier en nom propre et que vous souhaitez par la suite le faire passer sur votre SCI, vous devrez payer à nouveau les frais de notaire relatifs à cette transaction car elle sera aux yeux de l'Etat une transaction comme n'importe quelle autre, donc si vous prévoyez d'investir dans l'immobilier et que vous vous lancez, n'attendez pas, créez une société, cela vous coutera un peu au début mais vous vous y retrouverez par la suite.

J'ai parlé uniquement des SCI car ce sont les sociétés les plus communément utilisées pour l'investissement immobilier, mais il y a d'autres choix qui s'offrent à vous en fonction de l'activité que vous souhaitez exercer au sein de ladite société, comme les SAS, les SC ou encore les SARL qui présentent toutes des caractéristiques bien distinctes pour une utilisation bien particulière, à vous donc de voir celle qui colle le plus à votre projet, que vous sachiez, toutes ces sociétés sont imposées à l'IS au même titre que les SCI.

Devez-vous mettre un apport ?

C'est une question qui aurait été légitime il y a encore peu de temps, cependant, à partir du 1er Janvier 2022, le prêt à 110% visant à prêter aux investisseurs une somme couvrant la somme de l'achat plus la somme des frais de notaire n'existera plus.
C'est une pratique qui se faisait à l'époque sur des biens qui présentaient une forte rentabilité, qui a été fortement réduite durant la crise du COVID, et qui sera interdite à partir de 2022, n'y comptez donc plus dessus.

La question qui vient alors à l'esprit est « combien devez-vous mettre d'apport ? », c'est une question qui est intéressante car elle va dépendre de vos attentes, de vos objectifs et de vos moyens.

En 1991, le taux effectif global moyen pour un prêt immobilier était de 11,9%, non vous ne rêvez pas c'est exorbitant, cependant l'immobilier, lui, était moins cher, à l'inverse du marché auquel nous faisons face aujourd'hui, à l'époque, les biens immobiliers étaient moins chers et les taux très élevés, il était donc dans votre intérêt d'avoir un apport conséquent afin d'emprunter le moins possible et donc de limiter les pertes relatives aux intérêts.

Aujourd'hui, le marché s'est inversé, l'immobilier est très cher et ne cesse d'augmenter années après années, ayant même fait un bond en avant à la suite de la crise du COVID, prenant par endroits jusqu'à 10% en un an, et, toujours en opposition au marché, les taux, eux, n'ont jamais été aussi bas.

Vous l'aurez donc compris, si on suit le même raisonnement qu'au paragraphe ci-dessus, il est donc dans votre intérêt de mettre le moins d'apport possible dans votre achat, profitant ainsi des taux bas et gardant votre trésorerie pour démultiplier vos projets d'investissements.

Pour vous expliquer la mécanique, le marché de l'immobilier est régulé par l'offre et la demande, l'offre est contrôlée par la demande est elle-même contrôlée par les taux.

Si les taux sont bas, plus de gens vont pouvoir emprunter et donc acheter, la demande augmente et fait donc diminuer l'offre, les prix augmentent donc, à l'inverse, si les taux remontent, moins de gens seront en mesure d'emprunter pour acheter, la demande diminuera donc, les biens seront alors plus nombreux sur le marché et leur prix viendra à diminuer.

Concernant votre résidence principale, c'est à vous de voir si vous souhaitez mettre un apport conséquent ou non, plus vous en mettrez et moins vous aurez des mensualités élevées, vous pourrez ainsi conserver un certain pouvoir d'achat, mais vous aurez un plus gros trou dans votre trésorerie et vous aurez donc moins d'argent disponible tout de suite pour vos projets d'investissement.

Concernant vos investissements locatifs la question ne se pose pas, mettez le minimum, en soit, la banque vous demandera de couvrir les frais de notaire avec votre apport, et vous demandera une rentabilité suffisante afin que le loyer puisse couvrir les mensualités +30% (souvenez-vous du delta de 30% que vous demande la banque afin de se couvrir en cas de départ d'un locataire ou de non-paiement).

Ce qui signifie que du moment que votre projet tient la route et qu'il a été validé par la banque, l'apport que vous mettrez devra être le plus petit possible, comme je vous le disais un peu plus haut, uniquement les frais de notaires et les frais de dossiers, n'hésitez pas à demander à réduire les frais de dossiers, ça ne sera peut-être pas toujours possible mais qui ne tente rien n'a rien, et si vous y arrivez, vous économiserez plusieurs centaines d'Euros.

Devez-vous louer meublé ou non meublé ?

Un bail de location meublé présente certains avantages, notamment d'un point de vue fiscal, sachez toutefois que les régimes fiscaux de la location meublée ne sont pas cumulables avec l'IS d'une SCI, vous ne pourrez donc pas en profiter si vous achetez avec votre SCI à l'IS.

En faisant un bail de location meublé, vous serez imposé au régime fiscal « LMNP », comprenez Loueur Meublé Non Professionnel, chacun peut en bénéficier, à condition que les recettes locatives issues du meublé ne représentent pas plus de 50% des revenus du foyer fiscal, ou bien que ces mêmes recettes soient inférieures à 23 000 € par an, vous aurez alors le choix entre deux options, le régime micro-BIC, et le régime réel d'imposition.

Le régime micro-BIC vous fait bénéficier d'un abattement fiscal forfaitaire de 50 % sur les recettes locatives. Si vous louez en tourisme classé ou chambre d'hôte, l'abattement applicable est même de 71%.

Le régime réel est bien souvent le plus avantageux car vous pouvez déduire de vos revenus le montant exact de vos charges (travaux, frais de copropriété, intérêts, taxe foncière...) ainsi qu'une fraction de la valeur de votre bien, chaque année. Cette opération d'amortissement, qui est impossible en location vide, n'impacte pas la taxe sur la plus-value en cas de revente du bien. Grâce à elle, vous pourrez générer un déficit foncier sur plusieurs dizaines d'années pour ne plus être imposé, sans avoir à engager de frais réels tels que des travaux de rénovation.

Cependant, cette option engendre des obligations comptables plus lourdes qu'avec un régime micro-BIC. Il faudra donc tenir une comptabilité et conserver l'ensemble des justificatifs liés aux loyers et aux charges du bien mis en location.

Outre les avantages fiscaux, la location meublée offre deux autres avantages, d'une part, les loyers en bail meublé sont 10% à 30% plus élevés que sur un bail nu, vis-à-vis de l'équipement que vous allez laisser à l'intérieur.

D'autre part, les baux sont plus souples qu'en location nue car un bail meublé dure un an contre trois ans pour un bail de location nue, il peut même être ramené à 9 mois pour un bail étudiant, cela vous permettra de réviser plus souvent et plus facilement les loyers, de changer de locataire plus souvent et de rafraichir le logement plus régulièrement.

Je vous entends vous dire « allons-y, faisons du meublé ! », cependant, la location meublée présente quand même quelques inconvénients comme vous pouvez vous en douter.

D'une part, et comme je l'ai dit un peu plus tôt, vous ne pourrez pas profiter du régime fiscal avantageux si vous faites de la location meublée avec votre SCI à l'IS, il faudra donc l'acheter en nom propre ou créer une troisième société à l'IR (impôt sur le revenu) bref, cela risque de chambouler quelque peu votre organisation.

D'autre part, qui dit changement de locataire plus régulier dit usure et vieillissement du logement prématurés, c'est un fait établi, les locataires en règle générale se moquent complètement du bien dans lequel ils vivent, ils l'entretiennent moins bien et y prêtent moins attention que si c'était le leur.

Alors imaginez un locataire qui n'est là que pour 9 mois, un étudiant qui plus est, alors, ne faisons pas de généralités j'imagine que certains étudiants arrivent à étudier, mais beaucoup enchainent les fêtes et soirées à droite à gauche chez les autres, et chez eux, donc chez vous.

D'autant que vous ne leur fournirez pas seulement un toit, mais aussi tout l'équipement dont ils auront besoin, vaisselle, matériel de cuisine, électroménager, canapé, lit, autant de choses qui peuvent être endommagées plus facilement, et d'une manière générale qui s'useront plus vite, vous pourrez certes demander deux mois de loyer comme dépôt de garantie contre un seul mois en location nue, mais vous aurez à rafraichir votre logement plus souvent.

Je prends des exemples extrêmes pour vous faire entrevoir le pire mais n'oubliez pas que dans beaucoup de cas ça se passe très bien, à vous donc de voir quel type de location vous convient le mieux vis-à-vis de vos besoins et de vos projets.

Pourquoi pas faire les deux, c'est une possibilité, mais je vous encourage à l'envisager, surtout si vous possédez déjà deux ou trois biens que vous louez nus, car un bail meublé vous permettra d'avoir des revenus locatifs tout en vous soulageant d'une partie des impôts que vous devrez payer, c'est une des nombreuses manières utilisées pour défiscaliser.

Devez-vous mettre votre logement en gestion dans une agence ?

Le choix qui s'offre à vous est assez simple, gérer vous-même vos locations ou laisser des professionnels s'en occuper, ces deux choix présentent des avantages et des inconvénients et nous allons les voir ensemble.

Il ne faut pas croire que gérer une location consiste à encaisser les loyers, il y a tout le travail qui est réalisé en amont, la recherche de locataire, l'établissement du bail de location, l'état des lieux d'entrée et de sortie, la gestion du bien pendant toute la durée du bail, durant laquelle vous aurez soit un locataire débrouillard qui gèrera seul les problèmes, soit un locataire collant qui vous appellera tous les quatre matins pour tel ou tel problème.

Il y a également toute la partie encaissement à gérer, sachant que la plupart des garanties loyer impayé ne travaillent pas avec les particuliers.

Gérer vous-même vos locations a un avantage certain, vous économiserez les frais de gestion, certes, c'est là le seul avantage que je vois car en contrepartie vous aurez tous les aspects énoncés précédemment à gérer.

N'oubliez pas que vous n'êtes pas un professionnel de l'immobilier, vous risquez donc de commettre des erreurs sur ces différentes étapes, et par ailleurs, cette gestion vous demandera du temps, de l'énergie et vous occupera l'esprit, d'autant que si vous avez une ou deux locations, ça peut être gérable, mais si vous en avez cinq ou six ça devient tout de suite plus chronophage, et vous vous éloignerez alors de votre but initial qui était de générer des revenus passifs, car vous vous serez, involontairement, créé un nouveau métier, à savoir gestionnaire de vos biens immobiliers.

Il est important de garder à l'esprit que le but de vos investissements est de pouvoir acquérir une certaine liberté et non pas de quitter votre emploi pour en occuper un autre, en passant votre vie à vous occuper de vos locataires. Vous aurez échoué dans votre quête de liberté, et en voulant économiser quelques euros de frais de gestion vous risquez d'en perdre davantage à cause des potentielles erreurs que vous pouvez commettre.

Éclaircissons un point, les frais de gestion sont déductibles de vos impôts, donc vous les payez, certes, mais vous en récupérez une partie sur votre déclaration, par ailleurs, les frais d'agence pour la recherche d'un locataire seront toujours à votre charge en partie, mais vous y gagnez quand même sur le long terme et nous allons voir pourquoi.

Je vous disais un peu plus haut qu'il ne fallait pas hésiter à s'entourer et se faire aider en cas de besoin, et bien c'est ici le moment d'apprendre à déléguer, mettre ses biens immobiliers en gestion dans une agence, ça signifie les confier à des professionnels qui sont payés pour gérer votre bien.

Dans un sens, vous achetez votre tranquillité, car c'est l'agence qui s'occupera de tout, de la recherche du locataire à sa mise en place, à sa gestion quotidienne, jusqu'à son départ, en passant par ses loyers, certaines agences proposent même un service travaux, quand quelque chose doit être fait dans un de vos logements, ils font réaliser plusieurs devis et vous les soumettent, ils gèrent la suite avec l'artisan et vous n'avez rien d'autre à faire.

Sachez qu'un locataire un peu douteux aura toujours plus de craintes à ne pas payer son loyer s'il a affaire à une agence, car l'agence à l'inverse de vous n'a aucun affect avec le logement ni avec le locataire, l'agence est « carrée » et respecte les règles qui lui sont dictées, il n'y a pas de discussion possible avec elle, par ailleurs, les agences travaillent généralement en partenariat avec des garanties « loyer impayé », encore une fois c'est votre tranquillité d'esprit qui est en jeu.

Alors c'est à vous de voir, si vous décidez de gérer vous-même vos locations, vous économiserez quelques centaines d'euros, mais il faudra vous attendre à y passer du temps, et à être sollicité, sans parler de l'éventualité de tomber sur un mauvais payeur et de tous les ennuis qui s'y rapportent.

Si vous décidez de mettre vos biens locatifs en gestion dans une agence vous devrez certes la payer mais elle gèrera tout pour vous de A à Z, vous n'entendrez jamais parler de vos locataires et vous n'aurez qu'à encaisser les loyers, ainsi vous pourrez injecter votre temps et votre énergie dans d'autres projets et toujours plus vous diversifier.

Et si votre locataire ne paye pas ?

C'est embêtant n'est-ce pas ? Il est tout de même important de discerner les deux différents types de mauvais payeurs, vous avez d'un côté le locataire de bonne foi, qui a eu un imprévu et qui n'a pas pu payer le loyer en temps et en heure, ou alors qui a oublié, et qui, une fois votre rappel reçu, vous présente ses excuses et fait de son mieux pour vous payer.

Vous pouvez alors lui proposer différentes solutions comme un étalement de son loyer du mois sur les prochains mois, ou qu'il vous paye une partie avec ce qu'il a et qu'il vous paye la suite le mois suivant, ici tout dépend de la confiance que vous lui portez.

Vous avez d'autre part le locataire de mauvaise foi, qui, par manque de moyens ou tout simplement par malhonnêteté va refuser de payer le loyer, vous aurez beau lui téléphoner et aller le voir en haussant le ton, rien à faire, de toutes manières, vous n'avez pas le pouvoir de le chasser du logement et la police non plus, vous avez donc deux cas de figure dans une telle situation.

Dans le premier cas de figure, vous avez souscris à une GLI (Garantie Loyer Impayé), dans cette situation vous n'avez même pas conscience que le locataire n'a pas payé car votre loyer est tombé. Pour vous expliquer comment fonctionne une GLI, c'est une assurance qui va elle-même poser ses conditions lors de la recherche de locataire.

Généralement, le loyer devra représenter moins de 35% des revenus, sous un contrat de type CDI hors période d'essai ou CDD qui se termine dans plus de 6 mois, sachez également qu'un garant n'est pas cumulable avec une GLI, c'est donc le locataire et seulement lui qui devra remplir ces conditions.

En posant ses conditions, la GLI s'assure d'avoir un profil optimal et pour cause, si le locataire ne paye pas son loyer, c'est la GLI qui vous le paiera à sa place, elle se retournera en suite contre le locataire et entamera une procédure, de votre côté, vous ne serez donc absolument pas impacté.

Venons-en maintenant au deuxième cas de figure dans lequel vous n'avez pas souscrit à une GLI, le loyer n'est pas tombé, le locataire ne veut pas payer, que faire alors ?

Le premier réflexe est de se tourner vers la caution, c'est à ça que ça sert, si vous n'avez pas pris de GLI, vous qui êtes un tant soit peu consciencieux vous avez demandé un cautionnaire à votre locataire, parfois ce seul geste suffit car le cautionnaire qui ne veut pas avoir de problème rappelle le locataire à l'ordre, ou vous dédommage à sa place.

Le deuxième réflexe sera de résilier le bail de location. En effet, si le contrat de location a été bien conçu, il doit contenir une clause résolutoire indiquant que le bail sera résilié automatiquement si le locataire ne paie pas son loyer et ses charges aux échéances convenues.

Vous devrez alors envoyer un commandement de payer par acte d'huissier, il aura alors deux mois pour régulariser sa situation, et s'il ne le fait pas, le bail sera officiellement résilié, vous pourrez alors lancer une procédure d'expulsion auprès d'un huissier.

C'est une démarche qui, toutes les actions mises bout à bout, peut être très longue, d'autant plus que vous ne pourrez pas expulser un locataire en hiver à cause de la trêve hivernale qui court du 1er novembre au 31 mars.

Si vous n'avez pas de clause résolutoire sur votre bail, vous serez obligé d'assigner votre locataire devant le tribunal d'instance, le juge appréciera alors la situation, il peut décider d'accorder des délais de paiement s'il estime que le locataire a les capacités de régler sa dette, ou prononcer la résiliation du bail et ordonner l'expulsion du locataire, encore une fois c'est une démarche qui est longue et fastidieuse.

Quoiqu'il arrive, vous aurez votre remboursement à la fin de la procédure, à condition bien sûr que vous n'oubliiez pas de le demander car certains propriétaires, trop heureux d'en avoir fini avec cette procédure, oublient parfois de demander l'argent dû.

Rassurez-vous, tout est bien qui finit bien, quoiqu'il puisse arriver, vos loyers vous seront toujours payés en fin de compte, cependant vous avez différents moyens de limiter les risques, je vous recommande vivement de faire appel à une GLI lors de la mise en location de votre bien, c'est un service payant, une fois de plus mais là encore vous payez votre confort et votre tranquillité.

Comment trouver le propriétaire d'un logement vide ?

Vous passez devant un immeuble, une maison ou un appartement depuis des semaines, des mois voire des années, et vous constatez que rien ne bouge, ce logement est inhabité et vous aimeriez l'acquérir, par de panique, plusieurs solutions s'offrent à vous.

Premièrement, chose très simple mais pas évidente pour tout le monde, allez voir le nom sur la boite aux lettres, parfois il est tout simplement noté, par ailleurs, allez vous renseigner auprès du voisinage, par expérience, les gens ne se fréquentent pas forcément entre voisins, cependant ils sont toujours au courant de ce qu'il se passe près de chez eux, ils seront en mesure de vous donner des informations précieuses sur le logement.

Un logement peut être vide pour plusieurs raisons, parce que c'est une habitation secondaire et que le propriétaire n'y vient que quelques jours par an, parce que le propriétaire a été muté, ou qu'il a été missionné et qu'il est parti vivre ailleurs durant plusieurs mois ou années, ou tout simplement parce que le propriétaire est décédé et que la maison reste inhabitée le temps de la réalisation de la succession.

Succession qui peut s'avérer longue si la personne en question n'avait pas d'héritiers connu, il faut alors faire intervenir un généalogiste qui va rechercher une potentielle famille à la personne décédée, et cela peut prendre plusieurs mois, voire plusieurs années.

Si le bien est en copropriété, vous pouvez prendre contact avec le syndic qui la gère, syndic professionnel ou bénévole, la personne qui s'en occupe sera en mesure de vous donner l'identité du propriétaire, à condition qu'elle accepte bien sûr car elle n'en a pas l'obligation.

Enfin, si c'est un bien individuel comme une maison, vous serez en mesure d'avoir le nom du propriétaire en obtenant son numéro de parcelle cadastrale sur le site internet du gouvernement, et en vous rendant au service urbanisme de la mairie de la commune dans laquelle se situe le bien, la personne de l'urbanisme pourra faire une recherche avec le numéro de parcelle cadastrale et retrouvera l'identité du propriétaire, encore une fois, la personne n'a aucune obligation de vous divulguer cette information si elle ne juge pas ça nécessaire.

Que faire si l'immobilier subit une crise comme en 2008 ?

Il faut acheter ! Non, plus sérieusement, en 2008 le monde occidental a été victime de la plus grosse crise immobilière depuis des décennies, la crise des subprimes qui est partie des Etats-Unis pour contaminer l'entièreté des pays développés.

Pour vous expliquer rapidement cette crise, c'était une époque où les taux d'emprunt étaient très bas (mais plus élevés qu'aujourd'hui tout de même), ce qui a incité beaucoup d'américains à souscrire à des prêts immobiliers afin d'acquérir un logement, et les banques prêtaient à tour de bras, se préoccupant de manière assez légère des garanties financières que présentaient les acquéreurs qui venaient les solliciter, et ce en leur proposant des « crédits subprimes », avec des taux qui pouvaient être revus à la hausse et ainsi les mettre en difficulté.

Leur raisonnement était le suivant : « S'ils ne payent pas, nous saisirons leur maison et nous la vendrons, ainsi nous nous rembourserons avec l'argent de la vente et plus encore ».

Sauf que ce raisonnement a une limite, et cette limite a été atteinte en juillet 2007, quand trop de clients n'ont pas pu rembourser leur prêt, trop de biens immobiliers ont été saisi et ont été mis sur le marché, ce qui a fait chuter les prix de manière considérable, les banques ne pouvaient alors plus se rembourser et elles ont commencé à montrer des signes de faiblesse, et que se passe-t-il quand le système économique d'un pays comme les Etats-Unis montre des faiblesses ? Et bien c'est la panique !

Pour pallier à ces faiblesses et éviter la panique, l'Etat a injecté de l'argent dans son système bancaire, ce qui a fait grossir la dette, en vain car ça n'a pas suffi à remettre les banques à flot et c'est à ce moment-là que la crise s'est mondialisée.

Nous avons pu alors assister à une chute des prix de l'immobilier en France, un marché dans lequel l'offre était supérieure à la demande et où beaucoup de français ont perdu des plumes, mais où beaucoup se sont enrichis également.

Vous l'aurez compris, ceux qui ont perdu de l'argent, ce sont ceux qui ont fait l'erreur de vendre leur bien immobilier dans les mois et les années qui ont suivi la crise, le marché s'étant effondré, au profit des acquéreurs qui ont pu acquérir des biens immobiliers à des prix très attractifs, et qui ont aujourd'hui retrouvé leur vraie valeur, voire même un peu plus, depuis ces dernières années.

L'immobilier, c'est comme la bourse, il faut acheter bas et vendre haut, plus facile à dire qu'à faire certes, mais il y a une certitude en revanche, c'est que la pierre est une valeur sûre et que peu importe la crise que peut subir l'immobilier, les prix remonteront toujours donc si une crise se produit à nouveau, ce sera le moment pour vous d'acquérir des biens et de vous enrichir.

Par ailleurs, si vous possédez des biens immobiliers et qu'une crise immobilière touche le pays, faisant chuter leur prix, ne vous inquiétez pas, de toutes manières vous n'aviez pas prévu de les vendre, alors attendez, attendez que la crise se termine et que les prix remontent, tout simplement, tout comme à la bourse, si la valeur de votre portefeuille diminue drastiquement, vous n'aurez pas perdu d'argent, du moment que vous n'aurez rien vendu.

Si vous vendez, alors vos pertes deviendront réelles, si vous attendez, alors au fil des mois et des années votre portefeuille retrouvera sa santé et son profil post-crise, c'est la même chose pour vos biens immobiliers.

Ce qu'il faut retenir

Investir dans l'immobilier ne s'improvise pas, il y a une multitude de subtilités à connaître, et une multitude de facteurs à prendre en compte, vous devrez d'une part établir votre stratégie, et vous préparer.

Il est important d'avoir les connaissances nécessaires avant de se lancer car si vous vous jetez dans la gueule du loup sans y être préparé vous allez commettre des erreurs et vous risquez de perdre de l'argent, et vous l'aurez compris, votre but premier est d'en gagner.

Vous devez surpasser votre peur de l'inconnu et ce en vous formant et en apprenant comment tourne le monde de l'immobilier, vous verrez qu'une fois le premier pas effectué, vous vous mettrez à marcher, puis à courir, vous ne voudrez plus vous arrêter et c'est ce qui fera votre réussite si vous arrivez bien-sûr à garder votre cap et à ne pas vous disperser.

Pensez qu'il sera toujours plus simple d'investir si vous êtes déjà propriétaire de votre résidence principale, d'autant plus aujourd'hui, alors que les prêts à 110% sont sur le point de disparaître, souvenez-vous que les banques raisonnent en terme de « risque », présentez-leur un projet solide qui offre un maximum de rentabilité et un minimum de risque, et ils vous suivront les yeux fermés.

Vous pouvez investir dans différents types de bien, mais vous devez avant tout, les choisir intelligemment. Visitez, comparez, voyez les biens qui se rapprochent le plus de vos attentes, mais de vos attentes en tant qu'investisseur et non en tant que personne. Quand vous investissez, vous devez rester neutre vis-à-vis des logements et ne pas laisser vos émotions ni vos goûts personnels influencer vos choix.

Quoique vous fassiez, souvenez-vous que les impôts ne seront jamais bien loin, alors réfléchissez bien avant de faire vos choix et prenez bien ce facteur en compte car mal géré, il peut vous coûter de très grosses sommes d'argent, vous pouvez défiscaliser en achetant un logement en VEFA, en faisant du déficit foncier ou encore de la location meublée, libre à vous de choisir ce qui vous convient le mieux.

Créer une société sera avantageux pour vous car cela vous permettra d'une part de mettre de l'ordre dans vos affaires et de dissocier vos revenus personnels de vos revenus fonciers, et d'autre part de bénéficier d'une imposition avantageuse grâce au régime de l'impôt sur les sociétés qui vous fera économiser plusieurs centaines, voire plusieurs milliers d'euros chaque année.

Mettez un minimum d'apport dans vos transactions, votre but étant de conserver un maximum de trésorerie afin de démultiplier vos projets. A vous de trouver des opportunités qui présentent une rentabilité suffisante afin de couvrir le prêt +30% uniquement grâce au loyer que vous percevrez.

Ne visez pas trop haut, vous n'êtes ni dans un film, ni sur M6 ; dans la vraie vie, une rentabilité à 7 ou 8% est déjà une très belle opportunité, par ailleurs c'est bien d'optimiser sa rentabilité à tous les niveaux, mais pas au détriment de votre confort de vie.

Je vous conseille dans un maximum de cas de mettre vos biens en gestion dans une agence ; laissez les professionnels faire leur travail et gérer votre bien, vos locataires et tout ce qui s'y rapporte. Profitez-en pour dormir sur vos deux oreilles d'une part, et pour, d'autre part, consacrer votre temps à d'autres projets ou d'autres activités.

Si vous rencontrez des soucis de paiement avec un locataire, ça peut se régler généralement en bonne intelligence avec une simple discussion ou un simple rappel, dans le cas où ça deviendrait plus corsé, ne vous inquiétez pas pour autant, les procédures sont certes longues mais vous récupèrerez toujours vos loyers à la fin.

Enfin, n'ayez pas peur des crises, peu importes qu'elles touchent l'immobilier ou un autre secteur, les crises sont nécessaires pour réguler notre économie. Quand un marché devient trop excessif, que les prix s'envolent et que ça devient un peu n'importe quoi, il est nécessaire qu'une bulle éclate et, de ce fait, remette un peu les choses en place, mais quoiqu'il en soit, des prix qui chutent remonteront toujours.

Chapitre 3

Investir dans la bourse

Investir en bourse, ça veut dire quoi ?

Investir en bourse peut vouloir dire plusieurs choses, ça peut vouloir dire, investir dans des actions, dans des obligations, ou encore dans des ETF, mais globalement, cela signifie que vous investissez dans des entreprises.

Quand vous investissez en bourse, dans des actions ou des ETF par exemple, vous achetez des actifs, des fractions d'entreprises, vous devenez littéralement propriétaire d'une infime part de l'entreprise dans laquelle vous avez investi, et vous toucherez, à ce titre, une partie des bénéfices qu'elle réalisera, proportionnellement au pourcentage que vous détenez.

Vous pouvez gagner de l'argent de plusieurs façons en investissant en bourse, d'une part grâce à la capitalisation de l'entreprise dans laquelle vous avez des parts, si vous achetez des actions d'une entreprise et que cette entreprise grossit, votre action grossira avec et coûtera donc plus cher que ce qu'elle valait quand vous l'avez acheté.

D'autre part en touchant des dividendes, car, en règle générale, une entreprise, quand elle établit son bilan une fois par an, réalise des bénéfices, et certaines entreprises reversent une partie de ces bénéfices à ses actionnaires, encore une fois proportionnellement à leur part, on appelle ça un dividende.

Vous pouvez aussi investir dans des obligations, en prêtant de l'argent à des entreprises de la même manière qu'une banque, cette entreprise vous remboursera alors sa dette, suivant un calendrier, des sommes et des taux qui ont été définis lors de la cession des obligations.

Il est intéressant de se pencher sur la bourse, car un investisseur avisé voudra diversifier ses placements, il en mettra alors en général une partie dans l'immobilier, et une partie dans la bourse. Vous côtoyez ainsi deux milieux différents, qui ne sont pas forcément liés l'un à l'autre, ce qui signifie qu'en cas de crise, si l'un s'effondre, l'autre vous permettra de garder la tête hors de l'eau, et vice-versa.

Seulement 7% des français possèdent des actifs en bourse, contre 36% des américains, pourquoi selon vous ? Parce que le français est de nature pessimiste. Depuis toujours, vous regardez la bourse de loin, vous entendez Jean-Pierre Pernaut au journal de 13h vous dire que le CAC40 a augmenté de tant de pourcent à tant de points sans savoir ni comprendre de quoi il parle.

Vous êtes plein d'idées reçues, vous ne comprenez rien à la bourse, après tout, vous n'êtes pas trader, acheter et vendre des actions, c'est un attrape nigaud, combien de témoignages avez-vous entendu de gens qui avaient perdu toutes leurs économies en bourse, et puis, vous n'avez pas de bac+5 en finance, vous n'avez pas envie d'aller dans une pièce rempli de gens en costume qui crient au téléphone et qui se réjouissent ou pleurent quand une alarme retentit car une valeur grimpe ou s'effondre.

Et bien bonne nouvelle, la bourse, ça n'a rien à voir avec ça, nous allons aborder ensemble les différents points qui vous montreront que la bourse est un investissement accessible à tout le monde, qui représente peu de risques si on s'y prend correctement et qui nécessite, certes, de s'y intéresser un minimum afin de la comprendre, comme tous les autres investissements finalement, mais qui est largement à votre portée en terme de compréhension.

Pourquoi votre argent n'est-il pas mieux placé en banque ?

C'est très simple, votre banque, aussi ancienne et solide soit-elle, reste une entreprise et peut donc pour une raison x ou y faire un jour faillite et si tel est le cas, vous serez assuré pour une somme maximale de 100.000€, ce qui signifie que si vous avez des livrets ou autres produits bancaires pour une somme supérieure à 100.000€, vous perdrez la différence, comme ça, en un claquement de doigt.

De plus, ces 100.000€ vous sont promis en théorie, car si la conjoncture économique ne le permet pas, vous toucherez moins, que ça, voire rien du tout et vous pourrez dire adieu à toute une vie de travail et d'économies.

La bourse, elle, dépend du système économique mondial, elle peut certes chuter, voire s'écrouler comme en 1929 aux Etats-Unis, mais elle existera toujours et remontera le cap tant bien que mal, et vos investissements avec.

Enfin, l'inflation est un phénomène qui vous coutera énormément d'argent si vous le gardez sous forme liquide (en espèce, ou sur des comptes et des livrets en banque), car à chaque fois que le fond monétaire injecte de l'argent dans l'économie, cet argent perd en valeur.

Prenez l'exemple d'un Euro, vous aviez une pièce d'un Euro en 2001 et vous avez décidé de la conserver plutôt que de la dépenser ou que de l'investir, et bien sachez que cette pièce, qui n'a pas changée en 20 ans et qui est restée la même au fond de votre tiroir, vaut aujourd'hui l'équivalent de 0,77€ en 2001.

Votre pièce, elle, coûte toujours 1€ à vos yeux mais le coût de la vie ayant augmenté avec les années, à cause de l'inflation justement, avec cette pièce vous pourrez vous payer ce que vous auriez pu vous payer avec 0,77€ seulement en 2001, en soit, votre pièce est restée figée dans le temps pendant que le coût de la vie a augmenté autour d'elle.

Et bien c'est la même chose pour votre compte courant avec vos économies dessus, ou pour votre livret A à 0,75% alors que l'inflation en 2021 atteignait un taux de 1,25%, connaissant ces chiffres, dites-vous que de l'argent qui est placé à un taux de 1,25% ne vous rendra ni plus riche, ni plus pauvre, vous serez à zéro, un placement inférieur à ce taux vous fera donc perdre de l'argent.

Faut-il être trader pour investir en bourse ?

C'est une des idées reçues les plus répandues, la bourse peut paraître compliquée pour les novices, et, c'est effectivement un milieu relativement complexe vu de l'extérieur, avec toutes ces courbes, tous ces chiffres, tous les gens ignorants qui vous disent que c'est dangereux car vous risquez de perdre tout votre argent, pourtant, et comme toute chose, la bourse devient beaucoup plus simple une fois qu'on commence à s'y intéresser.

Je vous le dis très clairement, si vous jouez les traders alors que vous n'en êtes pas un, vous risquez effectivement de perdre tout ce que vous aurez investi, par ailleurs, ne vous ai-je pas déjà dit de ne jamais vous lancer dans un investissement que vous ne comprenez pas ?

Il ne faut pas nécessairement être trader pour investir en bourse, car votre stratégie n'est pas la même que la leur, un trader applique une stratégie à court terme, il fait de l'achat / revente en masse et profite des ascensions et des chutes du cours des différentes actions, c'est pourquoi il est nécessaire pour lui d'analyser en temps réel les chiffres et les courbes qui évoluent à l'instant T.

Votre stratégie à vous sera d'investir sur le long terme, nul besoin pour vous d'analyser les actions au peigne fin à longueur de journée, car après avoir investi dans une action, votre but sera de la garder le plus longtemps possible afin de la laisser grossir un maximum et de profiter le plus longtemps possible des éventuels dividendes qu'elle pourrait vous rapporter.

Il est en revanche important de connaître les fondamentaux d'une entreprise avant d'investir dedans et d'y acheter des actions car ce sont sur ces critères que vous vous baserez pour déterminer si une action peut être rentable, ou non, et c'est ce que nous allons voir un peu plus bas.

Il vous faudra donc vous former, lire des livres et des articles, regarder des vidéos, écouter des podcasts, bref, vous l'aurez compris, il faudra à minima apprendre les bases afin de pouvoir par la suite commencer à acheter vos premières actions tout en sachant où vous mettez les pieds.

Vous ferez des erreurs au début et c'est normal car nous en faisons tous, mais ces erreurs vous formeront et vous permettront d'avancer, c'est pourquoi je vous recommande de commencer à investir en bourse avec des petites sommes, voire avec un portefeuille fictif comme vous le proposent certaines plateformes.

Je vous vois venir vous qui vous dites que vous ne voulez pas attendre et commencer dès maintenant à investir votre argent, mais je pense néanmoins que c'est préférable pour vous, cela vous permettra de vous familiariser avec votre plateformes, avec le milieu de la bourse, de vous faire la main, d'essayer plusieurs méthodes, ainsi vous pourrez voir ce qui vous convient, et mettre en place une réelle stratégie.

Il faut absolument que vous ayez une stratégie pour investir en bourse, sans ça, vous allez vous disperser, je sais que je vous répète de ne pas mettre tous vos œufs dans le même panier et c'est vrai, mais il faut faire ça intelligemment, sans stratégie vous allez acheter un peu tout et n'importe quoi en faisant des choix basés sur vos émotions, et vous n'optimiserez pas votre investissement.

Est-ce risqué d'investir en bourse ?

Et bien ça dépend, est-ce risqué de traverser une autoroute les yeux bandés ? Peut-être, mais est-ce risqué de traverser une route prudemment en regardant des deux côtés ? Pas forcement, et c'est pareil pour la bourse !

Comme pour n'importe quoi d'autre ça n'est pas l'activité en elle-même qui est risquée mais la manière de faire, posez-vous une seule question, si vous perdez tout votre argent en bourse, est-ce que ça sera votre faute, ou la faute de la bourse ? Vous avez alors votre réponse.

C'est une des premières idées reçues que j'entends sur la bourse « je n'investis pas en bourse car j'ai peur de perdre mes économies » mais croyez-moi, à l'inverse du marché des crypto monnaies qui est un marché très volatile, le marché boursier est un marché tout ce qu'il y a de plus solide, et il faut vraiment le chercher pour perdre toutes ses économies.

Certes, le marché fluctue, il est possible que la valeur de vos placements diminue à certains moments, mais pas de panique, ça va remonter, ainsi est faite la bourse.

Nous vivons dans un monde dans lequel l'économie prospère, et dans lequel le capitalisme est le modèle dominant. Des petites sociétés fleurissent et grandissent, tandis que les grosses deviennent toujours plus grosses. Alors certes, il y a des crises et des problèmes, mais, en tant qu'investisseur, rien ne peut vous empêcher de faire de l'argent grâce à la bourse.

Il est important quand vous investissez d'avoir une vision à long terme, alors quand vous placerez votre argent dans des actions en bourse, demandez-vous si la société sur laquelle vous souhaitez investir sera toujours sur le marché dans plusieurs décennies, demandez-vous si elle a les épaules pour faire face à une éventuelle crise, et si la réponse est « oui », alors il n'y a aucun risque !

Vous pouvez tenter des coups de poker en investissant sur des petites entreprises et en espérant qu'elles vont percer et que leur valeur va exploser, car c'est ce genre de risque qui a rendu millionnaires les premiers investisseurs de Netflix ou Google, mais en prenant ce genre de risque vous vous exposez effectivement à une potentielle perte de votre investissement si l'entreprise ne tient pas debout et qu'elle s'écroule.

Si vous voulez jouer la sécurité, alors investissez dans des mastodontes de l'économie, les GAFAM, les entreprises du CAC40 ou du NASDAQ100 par exemple, ce sont des valeurs qui ne s'effondreront jamais, on parle là des entreprises qui portent l'économie du monde entier, par ailleurs, diversifiez-vous, et ne mettez pas tout dans une même action, de cette façon vous diminuerez les risques.

Alors, vous voyez maintenant qu'il n'y a aucun risque à investir en bourse si on le fait intelligemment, n'écoutez pas les ignorants qui vous disent que la bourse « c'est risqué », et par ailleurs, n'écoutez pas non plus les incultes qui vous disent que « s'il y a une crise vous allez tout perdre », parce que c'est également faux, et nous allons voir pourquoi.

Comment tirer profit d'un krach boursier ?

Malheur, c'est la crise, trop d'inflation, trop d'optimisme de la part des investisseurs, des actions surévaluées depuis trop longtemps, une bulle spéculative qui s'est formée, et qui a fini par éclater, et là, deux possibilités. Où vous avez senti venir l'orage, et vous avez vendu vos actions à temps, où vous avez toujours vos actions et après le krach que l'économie mondiale vient de subir, elles ont perdu plus de la moitié voire des trois-quarts de leur valeur.

Déjà, essayons de comprendre pourquoi est-ce que vos actions ont à ce point perdu de la valeur. Il y a une différence entre la valeur d'une action et son prix, la valeur est ce qu'elle vaut réellement par rapport aux résultats de l'entreprise, son prix est le montant auquel elle s'échange sur le marché.

Quand les investisseurs sont trop optimistes, ils échangent les actions à des prix toujours plus élevés, et bien supérieurs à la réelle valeur de l'action, ce qui crée une « bulle spéculative », car le prix de l'action n'est plus alors fixé par sa valeur, mais par les spéculations qui sont faites sur son potentiel, une fois achetée, à se revendre encore plus cher.

Le problème, c'est que lorsque le marché suit cette tendance, la bulle spéculative grossit encore et encore, jusqu'à ce que des premiers investisseurs deviennent pessimistes, et, voyant que le prix des actions devient du grand n'importe quoi, commencent à les vendre en masse sans vouloir en racheter.

Ces premiers pessimistes suffisent à inverser la tendance du marché, car, voyant ça, d'autres investisseurs commencent à vendre à leur tour leurs actions, ces ventes massives font alors baisser le prix de l'actions, les autres investisseurs voyant ça, se mettent alors tous à vendre les uns après les autres de peur de voir la valeur de leur portefeuille baisser, et, de fil en aiguille, les actions sont vendues en masse et leur prix dégringole, c'est là que la bulle spéculative éclate.

C'est un processus qui est « normal », car de temps en temps, le marché a besoin de se réguler afin de repartir sur de bonnes bases pour une nouvelle période de croissance. Si vous faites partie de ceux qui n'ont pas vendu quand il le fallait, alors gardez vos actions, ne les vendez surtout pas au moment où le marché est au plus bas car tant que vous conservez vos investissements, la perte n'est que « digitale », vous avez perdu de l'argent virtuellement, mais si vous vendez alors la perte devient réelle.

Si vous conservez vos actions, elles remonteront en même temps que le marché remontera et elles retrouveront leur prix d'antan à un moment donné car le marché est cyclique, il monte, il monte, et il chute, puis il recommence à monter.

Maintenant que vous savez ce qu'est un krach boursier et comment ne pas y laisser des plumes, voyons ensemble comment vous y enrichir.

Vous vous souvenez de ces optimistes qui ont senti venir l'orage avant la crise et qui ont vendu car ils étaient devenu pessimistes ? Et bien maintenant que l'orage est passé et que tout le monde est devenu pessimistes comme eux, ils vont redevenir optimistes, car ils savent qu'une crise est toujours suivi d'une période de croissance.

Ils vont alors se mettre à acheter des actions au rabais car la crise étant passée par là, le prix des actions a drastiquement chuté, et c'est là qu'ils feront de bonnes affaires car l'action, elle, est la même, l'entreprise, si elle a été assez solide pour gérer la crise, a bien l'intention de rattraper le retard et les pertes générées, c'est donc le moment d'investir.

Vous vous souvenez de la méthode « achetez bas et revendez haut » ? Eh bien, à la suite d'une crise c'est le moment idéal pour acheter, acheter et acheter encore, car quand les premiers optimistes pointeront le bout de leur nez, les autres suivront et les prix des actions exploseront alors, faisant devenir ceux qui ont acheté au plus bas plus riches que jamais.

Il y a différentes méthodes pour investir en bourse comme la méthode DCA par exemple que nous aborderons un peu plus bas, mais lorsqu'il se produit une crise, c'est le moment de mettre toutes ses habitudes de côté et de s'enrichir.

Il n'y a qu'à voir la chute qu'a subi la bourse en mars 2020 quand l'économie s'est arrêté, ceux qui ont su acheter au bon moment ont pu faire des x2, x5 voire x10 sur des actions qu'ils ont acheté à cette période, et ce, en l'espace d'un an et demi, c'est pour dire la puissance que peut avoir une période de croissance sur des actions achetées au bon moment.

Retenez bien ça, si un krach boursier se produit, la valeur de votre portefeuille boursier risque de s'écrouler, mais gardez à l'esprit que c'est temporaire et ne vous focalisez pas sur vos pertes éventuelles, gardez le cap sur vos gains potentiels et saisissez l'opportunité d'acheter à bas prix !

Sachez mettre vos émotions de côté

En parlant de vos émotions, pensez à les laisser de côté quand vous consultez votre portefeuille boursier, il est très important que vous arriviez à garder votre sang froid car c'est avec la tête qu'il faut investir et pas avec le cœur ni avec le stress ou l'adrénaline. N'achetez pas une action parce que vous appréciez l'entreprise ou ses produits, achetez-la parce qu'elle est rentable, et par pitié ne regardez pas votre portefeuille toutes les 10 minutes, car vous allez stresser inutilement.

Le cours d'une action fluctue constamment, si vous choisissez bien vos actions, sur le long terme, ça ne fera que monter, mais à l'instant T, ça ne fait que faire des hauts et des bas, il ne faut donc pas prêter attention aux progressions de vos actions d'un jour à l'autre car selon le climat économique actuel, la bourse peut baisser une semaine, puis remonter la semaine suivante et ainsi de suite. La meilleure chose à faire est de checker votre portefeuille une fois par mois pour faire le point sur vos actions, pas plus.

Ne commencez pas à vouloir acheter dès que le cours commence à baisser, ou à vouloir vendre dès qu'il commence à monter, en faisant ça vous allez perdre du temps, de l'énergie et ça n'est même pas sûr que ça soit rentable, n'oubliez pas que vos investissements doivent rester passifs et ne doivent donc pas vous prendre de votre temps, préférez donc la méthode DCA, je vous expliquerai un peu plus bas en quoi elle consiste.

Pour finir, si vous avez prévu d'investir sur le long terme, vous ne prévoyez pas de retirer votre argent ou de vendre des actions à court terme, ce qui veut dire que l'évolution du cours de vos actions d'un jour à l'autre vous importe peu car si ça monte, vous serez content et si ça baisse vous serez embêté mais quoiqu'il se passe, vous ne vendrez pas.

Gardez à l'esprit que le prix qui vous intéresse réellement, c'est le prix qu'aura l'action dans 5, 10 ou 20 ans, inutile donc de se torturer l'esprit à regarder votre portefeuille à chaque heure de la journée car ce que vous gagnez à midi, vous pouvez le perdre à 14h et le gagner de nouveau à 16h.

Les actions

La bourse est un univers très vaste, il y a donc une multitude de façons d'y investir, vous avez d'une part les actions, l'investissement de base dans un sens, une action est une part d'une entreprise à un pourcentage infiniment petit.

En achetant une action, vous achetez donc une toute petite part de cette entreprise, vous en deviendrez donc un tout petit peu propriétaire, ce qui signifie que plus l'entreprise prospèrera, et plus votre action grossira car l'entreprise prendra de la valeur. A l'inverse si l'entreprise subit une crise ou un coup de mou, votre action perdra également en valeur.

Par ailleurs, si vous possédez des actions d'une entreprise, vous avez également un droit de regard sur son chiffre, ses résultats et ses bénéfices, et selon la stratégie de l'entreprise en question, vous percevrez un pourcentage du bénéfice qu'elle réalisera, on appelle ça un dividende.

Toutes les entreprises ne versent pas un dividende, pour vous expliquer ça plus simplement, quand une entreprise fait des bénéfices sur une année, elle peut utiliser ses bénéfices pour différentes choses.

Elle peut les réinjecter dans la recherche et le développement, ce qui lui permettra de mettre au point de nouveaux produits ou procédés et ainsi continuer d'augmenter son chiffre d'affaire, elle peut également s'en servir pour acquérir des parts d'une autre entreprise, et ainsi grossir et diversifier ses activités, ou elle peut aussi les distribuer aux actionnaires.

Généralement, une entreprise réinjecte une partie des bénéfices, et en verse une autre partie aux actionnaires, en consultant le « payout ratio », vous connaitrez le pourcentage des bénéfices qui est reversé aux actionnaires. Il peut être plus ou moins élevé selon les entreprises mais se situe dans l'idéal entre 35% et 55% pour celles dont la stratégie est de verser des dividendes.

Plus ce pourcentage est élevé et plus vous percevrez de dividendes en investissant dans l'entreprise mais attention, car un pourcentage trop élevé signifiera également que l'entreprise n'injecte que peu de liquidités dans sa recherche et son développement, ce qui veut dire qu'elle risque de stagner voire de perdre de la valeur à long terme.

Chaque mois, trimestre, semestre, ou année, à une date prédéfini, l'entreprise en question détache un morceau d'action (un coupon) qu'elle distribue alors aux actionnaires sous forme de dividende.

Il faut posséder l'action au moment où le coupon est détaché pour toucher le dividende, cependant, si vous pensiez acheter l'action, toucher le dividende et la revendre par la suite, sachez que ça ne marchera pas car comme j'ai pu vous le dire précédemment, le dividende est un morceau d'action, donc, au moment où il sera détaché, le prix de l'action chutera du montant du coupon en question.

Par ailleurs, certaines entreprises ne versent pas de dividendes comme j'ai pu vous le dire au-dessus, c'est le cas d'Amazon ou de Google par exemple, car ils préfèrent concentrer leurs efforts sur leur développement afin de gagner en valeur de manière plus rapide et plus conséquente.

Vous pouvez donc investir dans deux types d'actions, les actions à dividende qui vous verseront des dividendes réguliers, par mois, trimestre ou année, et les actions à capitalisation, qui ne verseront pas de dividende, mais qui grossiront plus vite, dans les deux cas, votre portefeuille grossira, à vous de savoir de quelle manière.

Les ETF

Un ETF (Exchange Traded Funds) est un panier d'actions, il offre un moyen simple d'investir. Les ETF sont des fonds de placement dont l'objectif est de répliquer les performances d'un indice donné qui suit la performance d'une sélection d'investissements. De cette manière, au lieu d'acheter des actions une par une selon les entreprises que vous avez sélectionnées, vous pouvez investir dans des ETF axés sur un domaine particulier et regroupant plusieurs actions.

De cette façon, vous pourrez diversifier vos placements sans pour autant acheter beaucoup d'actions, car l'ETF sera en lui-même diversifié, et vous pourrez par ailleurs investir dans différents ETF, afin d'avoir une diversification optimale.

Pour vous donner un exemple, si vous voulez investir dans les GAFAM, vous achèterez donc une action Google, Apple, Facebook, Amazon et Microsoft, au prix actuel de chacune de ces actions, vous allez en avoir pour plus de 6.000€, et vous n'en aurez que 5 au total, ça n'est donc pas très diversifié, et si vous aviez décidé de n'investir que 1.000€, vous allez être coincé.

En revanche, en investissant dans un ETF qui réplique les GAFAM, vous pourrez acheter avec vos 1.000€ plusieurs fractions de ces différentes entreprises, les parts d'un ETF varient de plusieurs dizaines à plusieurs centaines d'euros, mais ça reste moins élevé qu'une action Google à 2800€ par exemple.

Il existe une multitude d'ETF orientés vers des domaines bien précis, des ETF qui répliquent le CAC40 ou le NSADAQ100 par exemple, des ETF axés sur les plus grosses sociétés des pays émergents, de l'Europe, voire du monde entier, ou encore des ETF à thème regroupant les plus grosses entreprises dans le domaine de la technologie, l'immobilier ou encore l'automobile.

Il y a plusieurs avantages à investir dans un ETF, la diversification d'une part comme j'ai pu vous le dire un peu plus haut, ce qui va limiter vos risques car si la bourse devait subir une crise, certaines entreprises en pâtiraient mais d'autres viendraient compenser les pertes.

Le peu de frais d'opérations est un avantage aussi car si vous achetez et revendez les actions une par une vous devrez à chaque fois payer des commissions ou des frais, un ETF s'occupe pour vous de gérer le portefeuille des actions qu'il réplique, et les frais sont donc amoindri.

D'autre part, et ça n'est pas négligeable, certains ETF peuvent vous permettre d'investir dans des valeurs de par le monde, en Amérique, en Afrique ou en Asie par exemple, tout en restant éligible au PEA, et ce parce que le fond de placement en question est placé en Europe et comme il ne fait que répliquer les indices boursiers, il peut répliquer des actions comme Apple ou Microsoft tout en vous permettant de profiter des avantages fiscaux du PEA.

Les Obligations

Une obligation est un morceau de dette émis par une entreprise, une collectivité territoriale ou un État. Lorsque l'une de ces entités souhaite se financer et que les sommes sont trop importantes, elle fait appel à des créanciers, en l'occurrence, vous.

Une obligation est différente d'une action car là où le prix d'une action fluctue, une obligation a un montant fixe, vous prêtez une somme fixe à l'entité qui vous remboursera selon un pourcentage établi et sur une durée donnée, pour simplifier la chose, vous êtes la banque et vous faites un prêt à l'entité.

Vous l'aurez compris, une obligation est moins risquée qu'une action, car la société qui emprunte s'engage à vous rembourser la valeur nominale. Vous avez donc l'assurance de revoir votre argent, à moins qu'il y ait faillite, ce qui est peu probable.

Les obligations sont un investissement à conserver longtemps. Elles garantissent un flux de revenus stable quand les actions chutent, et présentent une bonne solution d'épargne pour ceux qui sont frileux à l'idée de prendre trop de risques.

Si le marché boursier subit une crise ou un krach et que le prix de vos actions baisse, vous pourrez continuer à toucher les revenus liés à vos obligations, ainsi votre portefeuille d'investissement sera impacté de manière moins brutale et vous pourrez le maintenir à flots en attendant que le marché se refasse une santé.

Investir en bourse, oui, mais comment ?

Il y a plusieurs façons d'investir en bourse, tout dépend de votre stratégie, des risques que vous êtes prêt à prendre, de vos connaissances, et du temps que vous voulez y passer.

J'ai cherché ma stratégie pendant un moment quand j'ai commencé, en mettant d'abord quelques centaines d'euros sur des cryptos, puis en investissant un peu dans toutes les actions qui me plaisaient sans forcément regarder les indicateurs importants, puis en jouant les apprenti traders en mettant plusieurs centaines d'euros sur une action qui chutait en visant le bénéfice quand elle allait remonter.

Par chance, j'ai limité la casse, mais j'en suis venu à une stratégie bien plus sécuritaire, la stratégie dite « du bon père de famille », le DCA.

Par DCA, comprenez « Dollar Cost Averaging », c'est une méthode qui revient simplement à étaler ses investissements dans le temps en procédant à des investissements périodiques. Plus simplement, vous investissez un montant fixe donné chaque mois.

Il est intéressant de relever que les chercheurs ont analysé de nombreux scénarios en profondeur et tous arrivent à la même conclusion : à long terme, même l'adepte du timing de marché le plus chanceux ne parvient généralement pas à surperformer l'investisseur qui se contente d'investir un montant fixe chaque mois, sans se soucier de la conjoncture boursière.

Et ce parce que vous achèterez haut quand le marché sera haut et vous achèterez bas quand le marché sera bas, mais sur le long terme (car n'oubliez pas que vous visez une vision à 10, 15 ou 20 ans), les prix auxquels vous achèterez se lisseront et formeront un prix moyen.

Le plus gros avantage que je vois sur cette stratégie est qu'elle demande un minimum de temps, vous vous rendez sur votre portefeuille une fois par mois, vous achetez et vous quittez jusqu'au mois suivant, et ainsi de suite, cependant, cette stratégie ne doit pas représenter 100% de votre investissement mensuel car vous risquez de louper des opportunités.

Dans l'idéal, vous devez déjà avoir un matelas de sécurité afin de prévenir des imprévus, cette somme doit représenter entre 4 et 6 mois de salaire.

En suite, gardez une somme fixe de côté que vous allez alimenter avec 10% à 20% de votre capacité d'épargne mensuelle, cette somme va grossir mois après mois et va vous servir à acheter des actions de manière ponctuelle si une grosse opportunité se présente à vous et que vous captez un fort potentiel à venir sur une valeur, vous pouvez également utiliser un effet de levier mais soyez très prudent avec cette pratique, nous y reviendrons un peu plus tard.

Concernant le reste de votre épargne mensuelle, mettez-la dans vos actions, obligations ou ETF en utilisant la méthode que vous pensez être la meilleure et la plus adaptée à vous, la méthode DCA, ou la méthode « j'essaye d'acheter quand c'est bas », encore une fois vous êtes seul maître de votre portefeuille.

Pour ma part, j'ai aujourd'hui un portefeuille constitué à 40% d'ETF sur mon PEA, à 50% d'actions sur mon CTO (Compte Titres Ordinaire), et à 10% de crypto mais je vais venir petit à petit, à mesure des mois et de mes futurs investissements à un 70% d'ETF, 20% d'actions et 10% de crypto, car maintenant que j'ai testé plusieurs stratégies, je vais appliquer celle qui me convient le mieux à savoir celle décrite ci-dessus.

Quels critères prendre en compte pour acheter une action ?

Je vous disais un peu plus haut qu'on ne doit pas acheter une action parce qu'on aime bien l'entreprise ou les produits qu'elle vend, mais parce qu'elle rentre dans des critères bien précis, et nous allons voir ensemble quels sont ces critères.

D'une part, il faut choisir une entreprise dont vous comprenez l'activité, car il est important de savoir où vous mettez les pieds, vous devez donc connaître l'historique de l'entreprise, les produits ou services qu'elle commercialise, savoir comment elle génère du chiffre en fin de compte. Par ailleurs, ayant une vision à long terme, vous devez vous demander si cette entreprise sera toujours présente sur le marché dans 10, 20 ou 30 ans.

Si votre stratégie est de vous orienter sur des actions à dividende, regardez si l'entreprise verse déjà des dividendes, depuis combien de temps elle en verse, et si le pourcentage de dividende versé à tendance à augmenter année après année.

Ce point est très important car cela vous permettra de savoir avec plus ou moins de certitude si vous pourrez percevoir des dividendes venant de cette entreprise à l'avenir car une entreprise en bonne santé qui verse des dividendes voit son pourcentage de dividende augmenter année après année, si ça n'est pas le cas, cherchez pourquoi, parfois ce phénomène peut s'expliquer, parfois cela signifie que l'entreprise a une baisse de régime qui pourrait s'accentuer les années suivantes.

Un autre indicateur auquel vous devez vous fier est le montant de la capitalisation boursière de l'entreprise, plus ce montant sera élevé, plus l'entreprise sera grosse, et aura donc moins de chances de s'effondrer dans l'éventualité d'une crise ou d'un krach boursier. Il peut y avoir des exceptions, mais si vous jouez la sécurité, investissez dans des entreprises qui ont au moins 400 à 500 millions de dollars de capitalisation.

On appelle ces entreprises les TBTF (Too Big To Fail), comprenez trop grosse pour faire faillite, ce sont des mastodontes de l'économie tels que Apple ou Microsoft, elles ont un impact considérable dans l'économie, génèrent énormément d'emplois, possèdent beaucoup d'investisseurs, et ont les banques de leur côté, si bien qu'en cas de faillite les banques centrales renfloueraient leurs caisses.

Vous devez également regarder le taux de marge avant impôts de l'entreprise, avant impôts car chaque entreprise gère sa fiscalité selon ses propres astuces pour réduire au maximum son imposition, les données seraient donc faussées.

Une entreprise intéressante possèdera un taux de marge avant impôts d'au moins 13%, car c'est le minimum qui permettra à l'entreprise de réinvestir ses capitaux dans son propre développement, mais aussi d'assurer une bonne marge à l'entreprise, qui indirectement pourra augmenter vos dividendes.

L'endettement de l'entreprise est un point à prendre en compte, il doit être à un seuil moyen, idéalement compris entre 40% et 80% car une entreprise qui n'est pas endettée ne cherche donc pas forcément à se développer, sa valeur et son pourcentage de dividende n'auront donc pas tendance à augmenter.

A l'inverse une entreprise qui est trop endettée aura peut-être du mal à assumer ses dettes et ces difficultés viendront potentiellement impacter son bénéfice et les dividendes qu'elle verse.

Enfin, le PER (Price Earning Ratio) est un point intéressant à analyser, il s'agit du ratio boursier correspondant au rapport entre la valeur en bourse d'une entreprise et ses profits, il va vous permettre de savoir si une action est au juste prix, ou si elle est momentanément surévaluée ou sous-évaluée.

Le ratio PER est calculé en divisant le prix de l'action d'une société par le montant du bénéfice par action (BPA). Si le

BPA d'une société est de 20 € et que le prix de son action s'élève à 140 €, alors 140 € / 20 € est égal à 7, ce qui signifie qu'il faudra investir 7 € pour chaque euro de BPA, c'est aussi simple que ça mais ça vous permettra de voir assez clairement le juste prix d'une action.

Un PER idéal se situera entre 5 et 15 selon moi, cependant, en période de forte croissance telle que celle que nous connaissons actuellement, il sera difficile de trouver des actions qui ne tournent pas autour de 20 ou 25, cela ne signifiera pas pour autant que les actions de l'entreprise en question ne seront pas rentables, sachez adapter les données que vous avez à la conjoncture actuelle, et utilisez alors les autres indicateurs pour conforter votre choix.

Faut-il acheter de l'or ?

Il existe une multitude de métaux que vous pouvez acheter, l'or, l'argent, le bronze, l'aluminium, etc... Mais l'or est le plus échangé sur le marché car, son marché étant dix fois plus lourd que celui de l'argent par exemple, son cours est beaucoup moins volatile.

L'or constitue l'un des placements les plus anciens et, par conséquent, il inspire une grande fiabilité. En raison de sa valeur à caractère universel, il demeure beaucoup moins tributaire des politiques monétaires et financières que les autres placements.

Par ailleurs, l'or représente pour les investisseurs une valeur refuge, ça n'est effectivement pas le placement vers lequel nous allons nous tourner en premier, il est pourtant intéressant d'en avoir une partie, disons 5% dans votre portefeuille d'investissements et nous allons voir pourquoi.

Je vous disais précédemment que l'or était une valeur refuge, ce qui donne à son cours un sens inverse par rapport au cours des actions classiques et ce phénomène s'explique de manière assez simple, quand l'économie est au plus haut et prospère, les investisseurs s'intéressent beaucoup aux actions car elles peuvent leur rapporter gros, de cette façon, ils délaissent l'or, ce qui fait baisser son prix.

Mais le jour où une crise boursière éclate, ou qu'un krach se produit, les investisseurs vont avoir tendance à vendre leurs actions et à se tourner vers l'or pour protéger leurs capitaux.

L'or ne dépendant pas du circuit monétaire et politique que suivent les actions, ce qui va faire grandement augmenter son prix, puis, quand la crise se calmera et qu'une période de croissance pointera le bout de son nez, les investisseurs revendront leur or et recommenceront à acheter des actions.

Voilà pourquoi le cours de l'or est bas quand le cours des actions est haut, et inversement, c'est pourquoi il est intéressant d'acheter de l'or en période de croissance, et de le revendre en période de crise à un meilleur prix, de cette façon, vous pourrez utiliser le bénéfice réalisé de la vente de l'or pour acheter des actions à bas prix. C'est un schéma qui se répètera indéfiniment alors pourquoi ne pas essayer d'en tirer profit ?

Dans quels secteurs investir ?

C'est la question que l'on me pose la plus souvent, dans quoi dois-je investir ? Et bien je dirais que vous devez avant tous investir dans des valeurs dans lesquelles vous croyez, investissez parce que vous avez confiance dans une entreprise et non parce qu'un potentiel influenceur vous aura dit de le faire.

Gardez à l'esprit que ce qui est bon pour les autres ne l'est pas forcément pour vous, votre projet n'est pas le même que celui de votre voisin, ses choix, aussi bénéfiques qu'ils aient étés pour lui ne le seront peut-être pas autant pour vous, c'est pourquoi il est important de faire vos propres choix et non de copier ceux des autres.

De plus, si vous investissez en vous basant sur les conseils des autres, vous passerez votre temps à vous demander si vous avez bien fait de les écouter, et si leurs conseils étaient bons, et, si ces investissements ne sont pas fructueux vous aurez tendance à leur remettre la faute dessus alors qu'au fond c'est de la vôtre.

Servez-vous donc des conseils que je vous ai donné, étudiez les entreprises, leurs projets, leur potentiel et leurs projections sur l'avenir, et ne faites confiance qu'à vous-même, de cette façon, vous aurez confiance dans vos investissements car c'est vous qui les aurez choisis, vous commettrez peut-être des erreurs, et c'est normal, mais ces dernières feront partie de votre processus d'apprentissage.

Souvenez-vous que si vous vous habituez à dépendre des autres, vous ne parviendrez jamais à voler de vos propres ailes, alors créez votre propre stratégie et prenez votre envol, c'est la meilleure façon de faire des choix adaptés à vos besoins.

Concernant les secteurs dans lesquels investir, il y en a une multitude, l'immobilier, l'automobile, la santé, la technologie, la communication, la finance, et j'en passe. Je n'ai aucun de ces secteurs à vous conseiller en particulier car ils ont tous leurs avantages et leurs inconvénients, tous leurs opportunités et leurs menaces.

La technologie peut être un bon secteur pour investir car les entreprises dans ce domaine font sans cesse la course au progrès et cette féroce concurrence entre elles peut vous être favorable. De plus, vous n'êtes pas à l'abri de découvrir et d'investir dans la petite entreprise d'aujourd'hui qui révolutionnera le monde et deviendra le mastodonte de demain à la manière de Google ou de Facebook.

L'énergie peut être également un secteur intéressant car il est sujet à des problématiques mondiales sur le climat et le réchauffement climatique, c'est donc un secteur dans lequel les entreprises mêmes les plus vieilles sont amenés de se renouveler afin de répondre aux besoin de la population et des gouvernements.

Je peux citer comme exemple l'entreprise « Total », qui, après avoir exploité le pétrole durant des décennies, se tourne aujourd'hui vers les énergies renouvelables et change de nom pour devenir « Total Energies », une manière de devenir « plus propre » et de redorer son blason afin de perdurer dans un monde où le pétrole voit son image de plus en plus dégradée et pointée du doigt.

La télécommunication est également un secteur intéressant, dans l'ère numérique dans laquelle nous vivons les gens ont besoin de data, ont besoin de toujours plus de mémoire dans leur cloud et toujours plus de rapidité dans leur connexion, la 5G est actuellement en train de se développer, puis, avec les évolutions technologiques telles que le Métaverse, il faudra passer à l'étape suivante, à savoir la 6G, c'est une course sans fin dans laquelle vous pouvez prendre part.

Enfin, l'immobilier est également un secteur à fort potentiel, il suffit de regarder la courbe de la population mondiale pour comprendre qu'aujourd'hui et demain plus que jamais, les pays du monde ont et auront besoin de logements, car la population ne cesse de croitre et au-delà des problèmes de nourriture, c'est le problème du logement qui se pose.

Vous avez peut-être déjà observé là où vous habitez que les programmes neufs, les nouvelles résidences, poussent comme des champignons, les hameaux deviennent des villages, les villages deviennent des villes et les villes deviennent des métropoles, c'est la course au logement qui est lancée à travers le monde car il faut loger la population.

Les villes deviennent de plus en plus verticales, on détruit des vieux immeubles pour en construire des plus gros, on transforme les routes nationales et départementales en voies rapides et en autoroutes, vous l'avez compris, le secteur de l'immobilier représente l'avenir, il possède un potentiel que nul ne saurait contester, il sera intéressant pour vous de prendre le train en marche et d'en tirer des bénéfices.

Maintenant que vous savez vers quels secteurs vous tourner, laissez-moi vous mettre en garde concernant les secteurs un peu plus « risqués » et je dis ça avec de grosse guillemets car le risque ne concernera que la performance de votre portefeuille boursier et non pas sa survie.

Faites attention aux entreprises appartenant au secteur de la mode, ces sociétés ont souvent une image rattachée à leur égérie, et il suffit d'un faux pas, ou d'un bad buzz de l'égérie en question pour faire chuter le cours de l'action.

Par ailleurs, soyez également vigilants si vous investissez dans des entreprises représentées par une icône, par une seule personne, comme Tesla avec Elon Musk par exemple ou Amazon avec Jeff Bezos, d'une part car, de la même manière que les égéries, ces personnes sont sensibles aux bad buzz et cela en affectera les actions de l'entreprise, mais la question la plus importante que vous devez vous poser est « est-ce que cette entreprise perdurera si son créateur venait à disparaître ? ».

Est-ce que Tesla et SpaceX continueront de prospérer si Elon Musk n'est plus là pour leur tenir la main et leur montrer le chemin ? On a pu voir par le passé que c'est parfois possible comme Apple qui n'a pas cessé son ascension fulgurante malgré la disparition de Steve Jobs, mais un tel schéma peut-il se répéter à chaque fois ?

Il y a cependant un coup à jouer si de tels malheurs devaient arriver car la disparition d'un Mark Zuckerberg ou d'un Jeff Bezos ferait chuter le cours de l'action, ça pourrait être alors le bon moment pour vous d'en acheter à prix cassé car si l'entreprise arrive retrouver un dirigeant digne de ce nom, les actions remonteront.

La force des intérêts composés

Nous avons vu précédemment qu'en investissant en bourse, vous pouviez acheter des actions qui vont plutôt avoir tendance à capitaliser, et donc à ne pas vous verser de dividendes, ou des actions à dividendes, qui vous verseront régulièrement une partie de leur bénéfice, nous allons aborder ici le sujet des dividendes et voir qu'en faire.

Vous avez deux choix quand vous investissez dans des actions à dividende, vous pouvez garder pour vous les dividendes touchés, et les dépenser, ou les réinjecter dans votre portefeuille d'action et ainsi leur permettre de générer à leur tour des dividendes, en soit vous toucherez des intérêts sur vos intérêts, c'est ce que l'on appelle des intérêts composés.

Partons du principe que si vous investissez, c'est que vous avez la possibilité de le faire, ce qui signifie qu'à l'instant T vous n'avez pas besoin de revenus supplémentaires, de plus, vous avez une stratégie à long terme donc toucher les bénéfices de vos investissements en bourse ne vous intéresse pas dans l'immédiat, vous allez donc pouvoir réinjecter vos dividendes dans vos investissements, et c'est là que ça devient intéressant.

L'avantage des intérêts composés vous l'aurez compris, c'est qu'ils permettront de faire grossir votre portefeuille d'actions de manière exponentielle, car, en réinvestissant les dividendes que vous touchez, en plus des sommes que vous investissez déjà, votre portefeuille d'actions sera chaque fois plus conséquent que la fois précédente, et chaque dividende que vous toucherez sera plus gros que le précédent.

Je vous donne un exemple avec un calcul grossier. Si vous investissez 100€ sur une action à dividende et que vous touchez 2€ de dividende par trimestre, votre portefeuille sera alors de 102€ à l'issu du premier trimestre

Au second trimestre, vous génèrerez des dividendes non plus sur la somme de 100€ mais de 102€, vous toucherez peut-être alors 2,20€ de dividende au lieu de 2€, votre portefeuille sera donc de 104,20€ (100 + 2 + 2,20) au trimestre suivant.

Vous toucherez alors peut-être 2,40€ de dividendes au troisième trimestre, et ainsi de suite, maintenant imaginez que vous investissez 100€ par mois et pas juste 100€, et imaginez ce calcul fait sur 20 ans, vous obtiendrez une courbe telle que celle-ci :

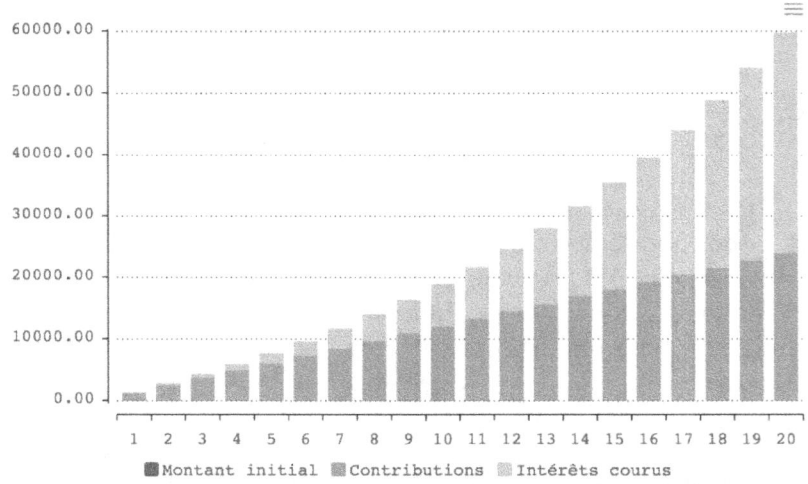

Vous voyez que plus les années passent, et plus les intérêts générés dépassent votre propre contribution, cela vous permettra sur le long terme d'avoir un portefeuille d'actions colossal, et puis, libre à vous le jour où vous voulez arrêter de les réinjecter, d'en profiter de manière régulière, voire même de revendre une partie ou la totalité des actions que vous avez pu acquérir grâce à vos économies ainsi que ces intérêts, et de profiter d'une retraite bien méritée.

Quelle fiscalité pour mes bénéfices ?

Vous vous en doutez, comme à chaque fois que vous gagnez de l'argent, si vous réalisez des bénéfices en bourse, l'Etat vous demandera sa part du gâteau, vous serez alors soumis à la Flat-Tax (L'Impôt à Taux Unique). La Flat-tax est un impôt de 30% composé à 12,8% d'impôt sur le revenu et à 17,2% de prélèvements sociaux et c'est un impôt que vous paierez uniquement sur vos bénéfices.

Par exemple, si vous investissez 1000€ en bourse et que vous retirez 1100€, vous ne paierez l'impôt que sur les 100€ supplémentaires, certains trackers vous retirent l'impôts en amont quand vous souhaitez retirer de l'argent d'autres vous laissent gérer vous-même vos bénéfices et les déclarer, faites donc bien attention, quand vous pensez avoir réalisé un certain bénéfice, pensez bien à prendre en compte ces 30% dans vos calculs.

Il existe cependant un moyen de contourner en partie cette imposition car si vous êtes résident français, vous avez accès au PEA, c'est un produit bancaire très avantageux en matière de bourse et nous allons voir pourquoi.

Le PEA (Plan d'Epargne Actions), ouvrable en 5 minutes auprès de votre conseiller bancaire, ou sur internet, vous permettra d'investir dans toutes sortes d'actions, vous serez en revanche limité aux entreprises européennes, pas de coup de main en ce qui concerne les actions américaines, africaines ou asiatiques.

Vous pourrez donc investir et faire grossir votre portefeuille d'actions au sein de votre PEA, vous aurez accès à un portail boursier depuis votre application bancaire qui vous permettra d'analyser chaque action, d'en acheter et d'en vendre.

La règle est simple, vous avez deux comptes, le PEA avec vos actions, et le compte « pivot » sur lequel vous pourrez verser l'agent que vous souhaitez investir dans le PEA.

Vous pouvez acheter et vendre des actions quand vous voulez, mais une fois que vous aurez mis de l'argent sur le compte « pivot », si vous en retirez, cela clôturera le PEA, en revanche, si vous le conservez pendant une durée de 5 ans sans retirer d'argent, il passera sous un régime d'imposition qui vous exonèrera de l'impôt sur le revenu (mais pas des prélèvements sociaux).

Au bout de ces 5 ans, vous pourrez donc retirer de l'argent du compte à votre guise, et grâce à votre patience, vous ne serez plus imposé qu'à 17,2% sur vos bénéfices au lieu des 30% initiaux, plutôt intéressant non ?

Ce qu'il faut retenir

La bourse est un lieu d'échange dans lequel on peut investir dans des actions, des ETF, des obligations, des matières premières comme l'or ou le pétrole, et bien d'autres choses.

Quand on investit dans des actions, on achète et on vend d'infimes parts d'entreprises, vous échangez alors votre argent liquide contre des actifs, des parts de ces entreprises dont le prix va fluctuer en fonction de la conjoncture économique actuelle, et des résultats de cette dernière.

Si vous choisissez les ETF, vous achèterez un panier d'actions qui représente un thème plus global comme le CAC40, la technologie ou encore l'automobile, l'avantage de l'ETF est que vous diversifiez davantage vos placements et limitez donc le risque. Vous payez également moins de commissions, en revanche, vous ne pouvez pas vous focaliser sur une entreprise en particulier si une opportunité se présente.

Si vous optez pour les obligations, vous choisissez alors la sécurité maximale, vous prêtez alors de l'argent à une entreprise ou à un pays, et devenez son créancier, l'institution vous remboursera alors ce prêt avec un taux et des créances prédéfinies.

Quant aux matières premières, ce sont des valeurs refuge, ce ne sont pas des valeurs qui vont vous donner un gros rendement, en revanche, elles vous aideront à garder la tête hors de l'eau si une crise boursière devait avoir lieu car elles n'en seraient que très peu impactées.

Il est intéressant pour vous de placer votre argent dans des valeurs boursières plutôt que dans votre banque pour deux raisons. D'une part, contrairement à la bourse, votre banque peut faire faillite et vous pourrez dire au revoir à la majorité de vos économies, et d'autre part les placements bancaires présentent un taux d'intérêts beaucoup trop faible qui, le plus souvent, n'arrive pas à compenser la perte de valeur due à l'inflation.

Contrairement à ce que beaucoup de gens croient, il n'est pas nécessaire d'être trader pour investir en bourse car c'est bien là ce que vous allez faire, investir, alors qu'un trader, lui, spécule. Ce sont deux activités bien distinctes qui correspondent à deux stratégies opposées.

Le trader achète et revend très rapidement en essayant d'optimiser sa rentabilité sur le court terme, tandis que vous, allez acheter et conserver pendant une longue période, plus vous attendrez et plus votre rentabilité augmentera, vous ne revendrez que lorsque vous aurez besoin de liquidités ou lorsque vous aurez atteints vos objectifs.

Beaucoup de gens ont également tendance à croire qu'investir en bourse est quelque chose de risqué et qu'ils vont peut-être perdre toutes leurs économies, s'ils le font. Gardez bien à l'esprit que, comme toute chose, ça n'est pas la bourse qui est risquée mais votre manière d'investir. Si vous vous formez, que vous apprenez les ficelles, les choses à faire et les erreurs à éviter, investir en bourse ne sera pas plus risqué pour vous que de déposer de l'argent sur votre livret A.

Il y a plusieurs manières d'investir en bourse, certaines se rapprochant de la spéculation mais la plus sécurisée selon moi est la méthode DCA (Dollar Cost Averaging), qui consiste à investir dans des actions ou des ETF que vous avez choisi, une somme prédéfinie, et ce de manière régulière, peu importe l'actuel cours de l'action ou l'actuelle conjoncture économique.

De cette façon, vous lisserez vos investissements et arriverez à un prix moyen sur le long terme qui vous garantira une rentabilité et une tranquillité d'esprit bien plus forte que si vous aviez voulu jouer les traders amateurs à toujours vouloir chercher à acheter au meilleur prix.

Il y a un certain nombre de critères à prendre en compte quand vous investissez en bourse, mais globalement, choisissez des entreprises dans lesquelles vous croyez et que vous voyez prospérer dans les années et les décennies à venir. Choisissez des entreprises qui ont les reins solides, des TBTF (Too Big To Fail) qui sont trop grosses pour couler un jour, quant au prix des actions, et bien je vous ai donné les calculs, bien que si vous choisissez la méthode DCA, vous vous en moquerez.

Il existe une multitude de secteurs dans lesquels vous pouvez investir, et je vous conseille de mettre des billes dans chacun d'eux, à des proportions différentes bien entendu, des proportions que vous aurez choisies, mais globalement ciblez les secteurs qui représentent l'avenir, les secteurs qui répondent à un besoin aujourd'hui, qui sera toujours là demain.

N'oubliez pas que vous avez une stratégie à long terme, les intérêts composés seront donc votre plus grande force car ils vous permettront petit à petit de créer de plus en plus d'argent, en investissant toujours les mêmes sommes. Patience est la mère de toute vertus, et plus vous patienterez, plus le retour sur investissement sera gros.

Une dernière chose, n'oubliez pas les impôts, car eux ne vous oublieront pas, la Flat-tax plane au-dessus de votre tête mais pensez à ouvrir un PEA si vous voulez la contourner, car 12,8%, ça peut paraître peu, mais sur un portefeuille d'investissement de 20 ans, ça représente des sommes colossales, la seule contrainte étant d'attendre 5 petites années avant de retirer de l'argent, je trouve le marché plus qu'honnête.

Ces dernières années, l'économie mondiale a vu émerger un nouvel investissement, la Crypto monnaie, je suis sûr que vous en entendez parler de tous les côtés, et vous vous demandez ce que cet investissement peut bien avoir d'aussi extraordinaire, et bien nous allons découvrir ça ensemble dans le chapitre suivant.

Chapitre 4

Investir dans les crypto monnaies

Une crypto monnaie, c'est quoi ?

En 2010, vous avez entendu parler de cette nouvelle monnaie virtuelle, le Bitcoin, une « Crypto monnaie » qui devait permettre d'acheter des biens ou des services et qui viendrait à terme concurrencer les devises comme l'Euro ou le Dollar, vous n'y avez pas cru ? C'est normal, à vrai dire, peu de gens y ont cru, d'ailleurs, nous n'avons plus entendu parler de ces gens-là depuis qu'ils sont devenu multimillionnaires !

En effet, en 2010, un Bitcoin valait 0,06$, il aurait été difficile, à l'époque, de se douter que son prix avoisinerait les 60.000$ 11 ans plus tard, je vous laisse faire le calcul, c'est déconcertant n'est-ce pas ? Mais alors comment en est-on arrivé là ? Comment cette monnaie virtuelle dans laquelle personne ne croyait s'est hissée en l'espace d'une décennie à des sommets pareils ?

En un mot, « la digitalisation », en effet, aujourd'hui ce sont des sommes astronomiques qui sont échangées sur internet, et ça n'est désormais plus du tout bizarre d'acheter des produits avec une monnaie virtuelle, nous sommes entrés dans une ère ou la population a de moins en moins confiance dans le système bancaire, alors nous cherchons des alternatives. Ce phénomène a créé l'avènement des monnaies virtuelles, car le Bitcoin a été la première, mais est loin d'être la dernière.

« Crypto » vient des techniques cryptographiques qui garantissent la sécurité des transactions de crypto monnaies. Ces techniques remplacent le travail des banques et des tiers en matière de gestion des transactions.

C'est là l'un des principaux attraits de la crypto monnaie, c'est un système financier décentralisé qui ne dépend d'aucune grande banque ou institution pour fonctionner, bien moins cher et plus rapide, équitable et transparent.

Tout ce système repose sur la « Blockchain », elle agit comme une base de données, permettant de stocker d'importants volumes d'informations qui ne peuvent pas être modifiées, au même titre que la bourse pour les actions, voyez la Blockchain comme la bourse des crypto monnaies.

Cependant, à l'inverse des monnaies classiques qui sont régulées par une banque ou une autorité centrale, les crypto monnaies telles que le Bitcoin ou l'Ethereum ne sont gérées par aucune institution centrale, et aucun tiers agréé (les banques, par exemple) ne supervise leur transfert. C'est cet aspect qui attire les utilisateurs, mais qui la rend également très volatile.

Peut-on payer des biens ou des services en crypto monnaies ?

Oui ! C'est d'ailleurs pour ça que les crypto monnaies ont été créées à la base, elles demeurent des monnaies, et ce malgré tout l'aspect spéculatif qui en découle.

De nombreux sites Web et boutiques en ligne acceptent les Bitcoins comme mode de paiement. Avec les crypto monnaies, vous pouvez tout acheter, des NFT aux parcelles de terrain dans un jeu vidéo. Aujourd'hui, l'engouement autour des crypto monnaies est tel que des géants de la transaction comme MasterCard sont en train de réfléchir à intégrer les crypto monnaies dans leurs moyens de paiement, et l'entreprise Tesla réfléchit, elle, à accepter les paiements en Bitcoin pour l'achat de ses véhicules

Pour effectuer un achat virtuel avec une crypto monnaie, il vous faut un portefeuille de crypto monnaies, afin de les garder en toute sécurité. Chaque portefeuille contient des clés publiques et privées que vous pouvez utiliser pour dépenser et recevoir de la monnaie. La clé publique est un code connu de tous au sein d'un système. La clé privée, elle, est uniquement connue de l'utilisateur et lui permet de valider ses transactions.

Le Bitcoin a d'ailleurs souffert d'une mauvaise image par le passé car, étant une monnaie intraçable, il était énormément utilisé par les utilisateurs du Dark Web afin de réaliser des transactions illégales.

On voit ces derniers mois un réel intérêt des institutions pour la crypto monnaie, on pourrait imaginer un avenir dans lequel on paye sa baguette de pain en crypto monnaie, ou encore son abonnement téléphonique, tout est possible dans l'ère du numérique, reste à savoir si ce phénomène va perdurer, ou s'essouffler, permettant aux monnaies classiques de reprendre leurs places.

Combien existe-t-il de crypto monnaies ?

Il existe aujourd'hui plus de 6000 crypto monnaies, cependant, seulement 20 d'entre elles sont utilisées par 90% du marché.

En soit, il est très simple de créer une crypto monnaie, c'est pourquoi il en existe une multitude qui reposent parfois sur des projets intéressants mais très souvent sur rien du tout, à l'image du Dogecoin qui est une crypto monnaie crée en partant d'un meme sur internet représentant un Shiba Inu faisant une tête rigolote, c'est tout, aucun projet n'y est rattaché, et pourtant, après un buzz et quelques tweets d'Elon Musk, son prix est montée en 2021 jusqu'à à 0,58€, faisant le bonheur et la richesse de ses fondateurs.

Les crypto monnaies les plus répandues aujourd'hui sur le marché sont le Bitcoin, l'Ethereum, le Cardano, le Solana, le Polkadot, le Ripple, le Litecoin, et le fameux Dogecoin.

Le point positif des crypto monnaies est leur capacité à passer de l'ombre à la lumière en un clin d'œil, car mis appart le Bitcoin, les quelques-unes que je vous ai cité faisaient il n'y a que quelques années voire quelques mois partie de ces 6000 crypto monnaies anonymes que personne ne connaissait.

Leur valeur était presque nulle, et pourtant, l'Ethereum s'échange aujourd'hui pour plus de 4000€, le Polkadot pour une quarantaine et le Cardano pour presque 2€, toutes ces monnaies étant parti du même point à savoir zéro.

Comment est déterminée la valeur d'une crypto monnaie ?

Comparé aux autres marchés financiers, celui des crypto monnaies est relativement instable, pour ne pas dire très instable. La valeur d'une crypto monnaie peut monter en flèche en seulement quelques jours ou heures, et s'effondrer tout aussi facilement.

Beaucoup de ces crypto monnaies, comme le Bitcoin, n'ont pas de valeur intrinsèque, puisque leur valeur dépend en réalité de l'offre et de la demande. Ainsi, si beaucoup veulent acheter une crypto monnaie mais que la disponibilité est limitée, alors sa valeur augmentera. Pour éviter que l'offre ne dépasse la demande, de nombreuses crypto monnaies, à l'image du Bitcoin, possèdent un nombre limité de jetons, on appelle ces jetons des « token ».

C'est à cause de ces fluctuations que les crypto monnaies représentent un investissement intéressant mais risqué, investissez avant un buzz et la valeur de votre investissement prendra plusieurs centaines de pourcents, à l'inverse, investissez avant un bad buzz et la valeur de votre investissement chutera, sauf qu'à l'inverse de la bourse, le prix d'une crypto monnaie peut chuter et ne jamais remonter car il ne repose finalement sur rien, gardez bien ça à l'esprit, une crypto monnaie a un prix, mais n'a aucune réelle valeur.

Il existe cependant une nuance, en effet, certaines crypto monnaies sont rattachées à des projets, par exemple, Cardano est un projet blockchain développé pour faire fonctionner des applications financières utilisées par les entreprises, les consommateurs et les gouvernements du monde entier.

Ethereum est un protocole d'échanges décentralisés permettant la création par les utilisateurs de contrats intelligents basés sur un protocole informatique permettant de vérifier ou de mettre en application un contrat mutuel.

Polkadot est une proposition d'architecture d'échange et de transfert permettant de connecter des blockchains publiques avec des sidechains (blockchain secondaire) spécialisées.

Ça peut paraître compliqué dit comme ça, mais ce sont des projets qui tiennent plus ou moins bien la route, et sur lesquels reposent les crypto monnaies, si l'un de ces projets se développe et devient populaire, ou très utilisé, la crypto monnaie qui y est rattaché gagnera en valeur, à l'inverse, si le projet est abandonné ou stagne, la crypto monnaie qui y est rattachée chutera.

Ça veut dire quoi « Miner du Bitcoin » ?

Le minage de crypto monnaies correspond au procédé par lequel de nouvelles unités de monnaies sont mises sur le marché, en échange duquel les utilisateurs se doivent de confirmer les transactions et de les ajouter à une blockchain.

Ce système incite les utilisateurs à continuellement mettre le réseau à jour et à le sécuriser, en échange de crypto monnaies comme le Bitcoin. Toute personne dotée d'un ordinateur et d'une connexion Internet peut miner, mais cette opération n'est pas toujours rentable. Selon la monnaie minée, les capacités de votre ordinateur et l'électricité utilisée, vous pouvez, ou non, miner à profit.

En règle générale, le procédé consiste à utiliser votre ordinateur afin de résoudre des calculs et confirmer les transactions, en soit, vous n'aurez rien à faire et l'ordinateur travaillera tout seul, mais il tournera à pleine puissance, utilisant votre électricité et épuisant sa mémoire vive. Si vous voulez miner plus, il vous faudra alors un ordinateur plus puissant, quoiqu'il en soit, rien ne dit que le bénéfice que vous ferez vous rembourseront la facture d'électricité.

Dans le cas du Bitcoin, le minage est une véritable loterie. Toute entreprise ou personne souhaitant miner une crypto monnaie devra prendre part à une course afin de résoudre le plus vite un code spécial, qui viendra confirmer la transaction et mettre à jour la blockchain avec de nombreux détails. Le gagnant obtiendra alors des Bitcoins.

Est-ce risqué d'investir dans les crypto monnaies ?

Comme nous avons pu le voir au-dessus, le marché de la crypto monnaie est un marché extrêmement volatile, c'est pourquoi, à l'inverse de la bourse, oui, investir en crypto monnaie est risqué, car, ne reposant sur rien d'autre que les projets qui y sont rattachés, leur prix dépend majoritairement de la spéculation qui gravite autour.

Il y a deux visions, la première vision nous dit que la crypto monnaie représente l'avenir, que nous n'en sommes qu'au début et qu'à terme, ces monnaies virtuelles s'installeront dans notre économie, enterrant à jamais les monnaies conventionnelles telles que l'Euro ou le Dollar.

La seconde vision nous dit que la crypto monnaie est éphémère, qu'elle profite aujourd'hui d'une hype et d'une popularité qui lui donne de la crédibilité, mais que ce mouvement finira par retomber et s'éteindre, enterrant l'ère de la monnaie virtuelle avec lui.

A vous de savoir dans quelle vision vous voulez croire, et d'adapter vos investissements en conséquence, si vous êtes adepte de la vision positive, alors rien ne vous empêche d'investir dans la crypto de manière régulière comme vous le faites déjà dans la bourse, et d'espérer que ces investissements gagneront en valeur au fil du temps.

Si vous êtes adepte de la vision négative, préférez alors les one shot et les investissements à court terme, achetez et revendez mais n'oubliez pas ce que je vous ai dit sur le fait que vous n'êtes pas trader, c'est aussi valable pour la crypto monnaie, c'est certes moins complexe en matière de spéculation mais ça n'en est pas moins risqué.

Vous pouvez aussi jouer la carte de la crypto méconnue qui va exploser du jour au lendemain et vous rendre riche, vous pouvez par exemple mettre 50€ ou 100€ sur des crypto monnaies méconnues que vous pourrez retrouver dans le classement. Ce sont des monnaies dont le prix varie d'une micro fraction d'euro à quelques dizaines d'euro, en effet, si vous mettez 100€ sur une crypto monnaie à 0,0001€ et qu'elle venait à faire le buzz et à monter à 1€, vous toucheriez le pactole.

Gardez en revanche une chose à l'esprit en ce qui concerne ces petites crypto monnaies méconnues, si vous entendez parler d'elles sur internet, ou sur les réseaux sociaux par exemple, c'est inutile d'en acheter, car il sera déjà trop tard et vous aurez loupé le coche, c'est quand elle est méconnue qu'il faut l'acheter, et non quand elle a fait le buzz.

Où et comment acheter et vendre des crypto monnaies ?

De même que les actions en bourse, les crypto monnaies s'échangent sur des plateformes qui y sont dédiées, ce sont des sites internet ou des applications mobiles sur lesquelles vous retrouverez un certain nombre de crypto monnaies.

Vous aurez accès de manière très classique à un portefeuille que vous pourrez approvisionner, puis vous pourrez faire votre petit commerce, acheter et vendre des crypto monnaies à votre guise, voir évoluer votre portefeuille ainsi que le cours des crypto monnaies qui vous intéressent.

Sachez que vous n'êtes pas obligé d'acheter une unité entière de crypto monnaie, si tel était le cas, personne n'achèterait de Bitcoin étant donné qu'un Bitcoin coûte entre 50.000$ et 60.000$. Ces plateformes d'échange vous permettent donc, tout comme les actions, d'acheter des fractions de crypto monnaies, ainsi, vous pouvez par exemple acheter pour 100€ de Bitcoin ou pour 10€ d'Ethereum.

Faites en revanche attention à ne pas trop démultiplier vos opérations car les frais sur les plateformes d'échange de crypto monnaie sont bien supérieurs à ceux que vous pouvez trouver sur les plateformes d'échanges d'actions, ils avoisinent en règle générale les 5%, ce qui est extrêmement élevé.

Si vous réalisez des bénéfices sur vos investissements en crypto monnaie, vous serez imposé au régime de la Flat-tax, vous vous souvenez de cet impôt ? Et bien il est de retour pour votre plus grand bonheur, et sur ce marché, pas de contournement possible, et pas de PEA, c'est donc bien à 30% que vous serez imposé sur vos bénéfices.

Quelle vision pour l'avenir de la crypto monnaie ?

Comme je vous l'ai dit précédemment, il existe deux visions en ce qui concerne les crypto monnaies, la vision positive dans laquelle il est intéressant d'y investir à long terme, et la vision négative dans laquelle il faut rester prudent et n'y investir qu'à court terme.

Je reste optimiste quant à ce sujet, personnellement, je préfère avoir de l'espoir et croire en la vision positive, j'octroie à la crypto monnaie une petite partie de mes investissements, mais je trouve intéressant d'en avoir, je pense que c'est un phénomène qui peut s'installer sur le long terme.

Des géants comme Mastercard, Tesla ou encore Méta (Facebook) prennent la crypto monnaie très au sérieux, selon JP Morgan, qui n'est rien d'autre que la plus grosse banque américaine, le Bitcoin pourrait continuer de grossir jusqu'à tripler sa valeur actuelle, il faudrait pour ce faire, que sa volatilité diminue afin d'attirer les investisseurs institutionnels.

Ce qui signifie que les institutions elles-mêmes ne sont pas fermées à la crypto monnaie, deux solutions s'offriront alors à elles dans l'avenir, soit elles décideront d'intégrer la crypto monnaie dans le système économique monétaire et la vision positive deviendra une réalité, soit elles décideront de faire barrage et de bloquer la crypto monnaie, faisant se réaliser la vision négative.

Et les NFT dans tout ça ?

Avez-vous entendu parler des NFT ? C'est nouveau, ça vient de sortir, et ça fait beaucoup de bruit ! Abréviation de « Non-Fungible Token », comprenez « Token non remplaçable ».

C'est très simple, qu'est-ce qui différencie un Euro d'un autre Euro, ou un Bitcoin d'un autre Bitcoin ? Rien, même composition, même symbole, même valeur, vous pouvez les échanger les uns avec les autres, un NFT ne s'échange pas, et pour cause, il est unique.

Un jeton non fongible est un type spécial de jeton cryptographique qui représente un objet numérique comme une image, une vidéo, un fichier audio, auquel est rattaché une identité numérique qui est reliée à un ensemble non vide de propriétaires.

Prenons un exemple, un chanteur sort un album, et dans cet album, il décide de garder une musique de côté, et de sortir cette musique sous forme de NFT, le fichier audio de la musique sera alors rattaché au NFT en question, pourra être vendu, racheté, et seul le propriétaire du NFT sera en mesure d'écouter cette musique.

On joue alors sur la spéculation relative à la rareté, vous savez ce qu'on dit, la rareté fait la valeur des choses, c'est le principe même du NFT, de la même façon qu'une œuvre d'art, un NFT peut s'acheter peu cher et prendre en valeur pour une raison ou une autre comme le décès de la personne qui l'a créé par exemple ou sa soudaine célébrité.

Il existe une multitude de NFT, vous-même pouvez créer des NFT, c'est gratuit, rien ne garantit en revanche que vous le vendrez car il sera inondé dans le marché parmi des millions d'autres, comme pour n'importe quel autre investissement, il faudra avoir du nez, et dénicher le NFT qui prendra de la valeur, je vous souhaite alors bon courage !

Epilogue

Alors ? L'immobilier, la bourse ou la crypto ?

Eh bien, si vous avez suivi mon raisonnement tout au long de ce livre, vous aurez trouvé la réponse par vous-même, les trois !

En effet je ne cesse de vous le rappeler mais la diversification des investissements est primordiale afin de vous garantir une sécurité des plus élevées, ainsi vous ne serez pas tributaires des différentes crises économiques, si un domaine chute, les autres vous garantiront la sécurité le temps qu'il remonte, et vice-versa.

Si vous ne savez pas par lequel commencer, je ne peux que vous conseiller d'écouter vos besoins et de réfléchir à ce qui colle le mieux à vos attentes et vos projets, personnellement, j'ai commencé par l'immobilier, puis, une fois implanté dans ce domaine, je me suis tourné vers la bourse et les crypto monnaies.

Je reste très prudent sur les crypto monnaies car j'essaye de conserver un maximum de sécurité, en revanche j'y vais franchement sur la bourse, j'ai commencé par les actions, puis je me suis recentré sur les ETF, j'ai une stratégie à long terme, je choisis donc de réinjecter chaque euro que je gagne en bourse.

L'immobilier vous permet de capitaliser sur la pierre, en injectant qu'une petite partie de la valeur du bien, laissant le locataire rembourser votre prêt, cependant vous serez dépendant de ce même locataire car même si des solutions existent pour vous garder en sécurité, vous n'êtes pas à l'abri de tomber sur des mauvais payeurs ou sur des locataires négligent qui vont maltraiter le logement que vous leur louez.

La bourse vous permet d'éliminer le facteur humain de l'équation, vous serez seul avec votre argent et vos titres, vous serez en revanche tributaire de la conjoncture économique et des crises passagères, vous devrez également investir plus d'argent que dans l'immobilier car il n'existe pas de prêt en bourse, mis appart les effets de levier, mais c'est un mécanisme à utiliser très prudemment car il peut vous rapporter mais aussi vous mettre dans l'embarras.

La crypto monnaie est un marché qui est très instable et qui n'a pas encore trouvé sa place dans l'économie mondiale, ça peut être un bon investissement à court terme si vous avez du nez, en ce qui concerne le long terme, c'est un gros point d'interrogation, tout dépend finalement de la tournure que prendra cet engouement autour des monnaies virtuelles, et de ce que décideront, à terme les institutions.

Il ne me reste plus qu'à vous souhaiter bonne chance, je ne prétends pas tout savoir, loin de là, j'espère néanmoins que vous aurez pu trouver dans ce livre les réponses à vos questions, et que j'aurai pu vous éclairer, vous inspirer, et vous aider à vous lancer !

Il n'est jamais trop tard pour commencer à investir, ou pour se lancer dans un projet qui vous tient à cœur. Gardez ceci à l'esprit, il n'y a aucun frein à votre réussite ni aucune retenue à votre ascension à partir du moment où vous décidez que vous voulez devenir la meilleure version de vous-même, alors allez-y, lancez-vous, faites le premier pas, marchez, courez, foncez, il ne tient qu'à vous de réaliser vos rêves et de devenir la personne que vous avez toujours rêvé d'être.

Croyez en vos rêves et croyez en vous…